MORTS ROYALES

DU MÊME AUTEUR

Extraction des Cercueils royaux à Saint-Denis en 1793. Relation authentique.

Maladie et Mort de Louis XV. (Sans suppressions.)

Ces deux ouvrages, imprimés sur papier vergé, et tirés seulement à un petit nombre d'exemplaires, se trouvent chez le libraire Rouquette, au passage Choiseul, au prix de 2 fr. 50.

GEORGES D'HEILLY

MORTS ROYALES

PARIS

ACHILLE FAURE, LIBRAIRE-ÉDITEUR

BOULEVARD SAINT-MARTIN, 23

1867

AU CAPITAINE ARTHUR BALLUE

AU RÉGIMENT ÉTRANGER

(Corps expéditionnaire du Mexique)

INTRODUCTION

Que le lecteur ne s'attende pas à trouver dans ce volume, sèchement racontées en quatre lignes, une série de petites anecdotes plus ou moins vraies sur les derniers moments de tous les souverains de ce monde. La plupart des morts royales n'offrent pas toutes le même attrait de curiosité, soit que le prince ait rendu l'âme dans son lit, tranquillement, sans secousse ni révolution, ou bien encore que l'intérêt qui s'attache à sa personne ne soit pas assez considérable pour que les dernières heures de sa vie méritent d'être racontées.

J'ai publié, il y a plusieurs mois, une relation de la Mort de Louis XV, *qu'on retrouvera dans ce livre, avec quelques suppressions de convenance, et que le public bibliophile a bien voulu accueillir favorablement. Je désirais d'abord éditer de la même manière une suite de relations semblables ; puis, j'ai préféré réunir en un volume quelques-unes des plus intéressantes, en racontant non-seulement les derniers moments des souverains qu'elles concernent, mais en résumant aussi leur existence royale, et en rattachant aux faits qui ont causé et accompagné leur mort les actes de leur vie qui les ont préparés.*

C'est ainsi que j'ai été amené à donner avec détails, entre autres récits, la relation intime de la révolution de 1762 en Russie, et celle non moins intime et non moins curieuse de la mort de Catherine II, avec certains épisodes sur sa conduite privée (je dis privée !... on verra qu'elle ne fut, hélas ! que trop publique), que je publie pour leur intérêt historique, et non pour servir un piment licencieux aux appétits des lecteurs blasés.

Quoique la mort de Napoléon ait été racontée un peu par tout le monde, et de toutes les façons, j'ai voulu, moi aussi, évoquer le souvenir de cette grande figure, et parler des dernières heures de l'illustre capitaine, non pas seulement d'après les documents si connus, mais surtout, et comme comparaison, d'après les relations anglaises et les mémoires d'Hudson-Lowe.

Je crois qu'on trouvera dans les quelques pages consacrées à l'impérial captif de Sainte-Hélène des détails intéressants, et, je ne dirai pas inédits, mais moins familiers au public que ceux qu'il a l'habitude et la facilité de se procurer tous les jours.

Dans l'Appendice, je puis, grâce à l'aimable complaisance de M. Édouard Fournier, publier le curieux récit de la Mort de Louis XVIII, *écrit pour ainsi dire heure par heure par la princesse Adélaïde d'Orléans. Cette précieuse pièce, découverte par l'infatigable et adroit bibliophile, et imprimée récemment dans* la Revue des Provinces, *puis reproduite dans le journal* l'Événement, *paraît ainsi aujourd'hui pour la première fois en volume.*

Cette préface n'ayant d'autre but que d'indiquer rapidement au public le genre et la nature du travail historique que je lui offre, je la termine ici, mais non sans remercier cordialement mes confrères des grands et des petits journaux des lignes gracieuses qu'ils ont accordées à mes deux dernières publications, et en osant, comme on dit dans les suppliques officielles, leur demander pour celle-ci « la continuation de leur bienveillance. »

GEORGES D'HEILLY.

Neuilly-sur-Seine, octobre 1866.

LA RÉVOLUTION RUSSE

DE 1762

MORT DE L'EMPEREUR PIERRE III

I

L'IMPÉRATRICE Élisabeth de Russie étant morte à l'âge de cinquante-deux ans, le 25 décembre 1761, le duc de Holstein, son neveu, qu'elle avait adopté, lui succéda sous le nom de Pierre III.

C'était un prince violent, grossier, ignorant et fantasque. Il avait conçu une admiration outrée pour le grand Frédéric, qu'il cherchait à imiter, et qu'il imitait d'une façon ridicule. Il portait l'uniforme prussien avec les ordres de chevalerie du royaume ; il s'était entouré d'une garde composée de soldats du duché de Holstein, et commandée en partie par des officiers prussiens. Il passait presque tout son temps à faire manœuvrer sa petite troupe dans le domaine impérial d'Oranienbaum, qu'il avait fortifié, crénelé, entouré d'ouvrages et de défenses de toutes sortes, et où il aimait à jouer au grand guerrier.

Le 1er septembre 1745 il avait épousé la princesse Sophie d'Anhalt-Zerbst, âgée de seize ans, et qui prit le nom de Catherine en embrassant la religion grecque.

Les relations des jeunes époux n'avaient point été longtemps sans troubles; le grand-duc, brusque et volontaire, exigeait que tout pliât sous ses ordres; il fit d'abord de sa femme un des soldats de sa petite armée, l'obligeant à faire l'exercice, et l'astreignant si sérieusement au métier des armes, qu'il la plaçait quelquefois en faction à l'une des portes de son simulacre de forteresse (1).

Bientôt il avait négligé la jeune grande-du-

(1) Voyez sur les premières relations de la grande-duchesse avec son mari, et sur la manière dont le grand-duc traitait alors sa femme, les *Mémoires de Catherine II* publiés à Londres par Herzen, 1859, in-8°.

chesse, pour se renfermer seul à Oranienbaum, au milieu de ses soldats, avec lesquels il passait ses nuits dans des orgies dégoûtantes Puis il finit par s'éloigner d'elle tout à fait, pour prendre une maîtresse qu'il afficha publiquement, pendant que, de son côté, Catherine autorisait les assiduités du comte Soltykof, qui est le premier à inscrire sur la longue liste de ses favoris.

Quand il monta sur le trône, Pierre III ne changea rien à sa manière de vivre. L'ambassadeur de France à sa cour, M. de Breteuil, dans sa correspondance officielle et alors secrète, la peint en quelques lignes énergiques :

« La vie que mène l'empereur, écrit-il le 18 janvier 1762, moins d'un mois après son avénement, est la plus honteuse ; il passe les soirées à fumer, à boire de la bière, et ne cesse ces deux exercices qu'à cinq ou six heures du matin, et presque toujours ivre-mort. »

Sa maîtresse était la comtesse Élisabeth Woronzof, fille du conseiller intime Roman Woronzof, et nièce du chancelier Michel. C'était une bonne fille, douce, sans prétentions d'aucune espèce, et qu'on avait décorée du titre de grande maîtresse de l'impératrice, afin de pouvoir, sans trop de scandale, lui donner son appartement au palais impérial.

M. de Breteuil la traite durement dans une de ses dépêches, en date du 11 janvier 1762 :

« C'est un goût bizarre, dit-il : elle est sans esprit, et quant à la figure, c'est tout ce qu'on voit de pis. Elle ressemble de tous points à une servante d'auberge de mauvais aloi (1). »

L'impératrice et ceux de son parti ne l'appelaient jamais que « la grosse comtesse ».

Dès son avénement, Pierre III commit fautes sur fautes. Il s'aliéna d'abord l'esprit de l'armée par les concessions sans nombre qu'il fit à son goût exagéré pour les Prussiens et pour le grand homme qui les gouvernait, et qui aussi les menait d'une terrible façon !... Il s'entoura plus que jamais de soldats holsteinois, fit prendre à la garde impériale une partie de l'uniforme prussien, et ordonna qu'on ferait dans toute l'armée l'exercice à la prussienne.

(1) On peut dire à la louange de la comtesse Woronzof qu'elle n'abusa pas de sa faveur pour s'enrichir. L'empereur lui donna une maison à Saint-Pétersbourg et quelques diamants de peu de valeur. Ce fut là le seul bénéfice de ses amours.

A la fin du règne d'Élisabeth, la Russie était en guerre avec la Prusse. Le soir même de la mort de l'impératrice, Pierre envoya un messager secret à Frédéric II, pour conclure aussitôt la paix ; il signa même, avec l'ennemi de la veille, un traité d'alliance et d'amitié. Puis l'empereur prit aussitôt l'uniforme prussien des officiers aux gardes, et fit mettre dans tous ses appartements des portraits en pied de son héros.

Enfin, ses projets de réforme, qu'il voulut étendre à toutes choses, rendirent le mécontentement général. De son côté, l'impératrice, que l'empereur détestait, apprit vaguement que Pierre songeait à se défaire d'elle, sinon par la mort, au moins par le divorce. Il voulait, disait-on, l'accuser hautement d'adultère, la faire enfermer dans un couvent la tête rasée, puis épouser sa maîtresse, qui serait publiquement couronnée en même temps que lui, à l'époque prochaine de la cérémonie de son sacre.

L'impératrice était une femme de tête, entourée de gens ambitieux, qui, comme elle, avaient assez de l'empereur, et ne pouvaient que gagner à sa chûte et à l'élévation de Catherine au trône, non comme régente du jeune grand-duc, auquel personne ne songeait, mais bien comme impératrice régnante. Sa répulsion contre son époux aurait peut-être suffi déjà à l'entraîner dans le complot dont nous allons raconter le tragique dénoûment, si sa sûreté personnelle et les conseils pressants de ses ambitieux amis n'étaient venus décider ses irrésolutions.

Le comte Nitika Panin (1), gouverneur du grand-duc, était à la tête du complot. C'est lui qui l'organisa, le dirigea, et qui triompha des dernières indécisions de Catherine.

Il entraîna avec lui l'hetman comte Rasoumofsky, le général prince Wolkonsky; la princesse Daschkof, sœur de la maîtresse du czar; les quatre frères Orlof; Odart, secrétaire de l'impératrice; Teplof, employé de la maison impériale; Iwan Schouwalof, le dernier amant de l'impératrice Élisabeth; quatre capitaines aux gardes, et plusieurs autres personnages moins connus.

(1) Je l'appelle *comte* dès l'événement de 1762, bien qu'il n'ait reçu ce titre de Catherine que cinq ans plus tard, en 1767. Il mourut subitement le 31 mars 1783. Le grand-duc, depuis Paul Ier, assista à ses derniers moments et témoigna une grande douleur à sa mort.

Pendant l'organisation du complot, l'un des conjurés, nommé Rehbinder, chercha à y faire entrer le colonel de Budberg, aide de camp de l'empereur, lequel avertit aussitôt son maître qu'il se tramait quelque chose contre lui. Mais Pierre se moqua des craintes de cet officier, et se borna à faire arrêter un des capitaines aux gardes, Passek, homme très-exalté, qui avait déjà offert aux conjurés d'assassiner l'empereur. Dans un moment d'ivresse, il avait dit quelques mots du complot devant un soldat, qui s'empressa de l'aller dénoncer. Cette arrestation hâta l'exécution du projet.

Si l'empereur avait eu la moindre défiance, et qu'il eût fait interroger ou interrogé lui-même le capitaine Passek, il eût pu peut-être apprendre quelque chose de positif, se tenir sur ses gardes, et même prévenir l'impératrice en la faisant sur-le-champ arrêter. Mais, comme il était alors en fêtes, il remit à quelques jours l'instruction de l'affaire, pour ne point entraver ses plaisirs.

De leur côté, les conjurés, avertis aussitôt de l'arrestation de Passek et ne sachant quelle décision avait prise l'empereur, craignirent de sa part un éclat fatal et s'empressèrent de précipiter les choses.

C'était le 8 juillet 1762 qu'avait été arrêté Passek. Le 9, à cinq heures du matin, la princesse Daschkof, habillée en homme, va trouver les frères Orlof, leur annonce ce qui se passe et leur propose d'agir aussitôt. L'un d'eux, Alexis, homme qui joignait à une taille et à une force herculéennes une résolution prompte et une grande décision dans le caractère, emporte à l'instant un billet de la princesse contenant ces seuls mots : « Venez ! le temps presse. » Et il court le porter à Catherine.

L'impératrice était alors avec l'empereur à Péterhof. Elle habitait depuis quelque temps, et en même temps que lui, cette résidence impériale, afin de détourner ses soupçons d'un complot dont il ne pouvait ainsi la supposer l'âme et l'objet. Seulement, elle occupait un pavillon séparé et qui communiquait, par un canal, avec le golfe de Finlande, par lequel elle pouvait fuir en cas d'échec.

Ce jour-là précisément, l'empereur était en partie de plaisir à Oranienbaum, et il ne devait revenir que dans la journée à Péterhof.

Quand Orlof arriva au château, Catherine dormait encore. Il la fit réveiller, lui remit le billet, et, la trouvant pleine d'indécision et de perplexité, il la pressa par les paroles les plus fermes et en même temps les plus flatteuses.

Depuis deux jours, une voiture sans armoiries, venue de Saint-Pétersbourg, attendait dans une ferme voisine. Elle était attelée de huit petits chevaux des steppes, bouillants et rapides, et devait assurer à la fois la fuite en cas d'insuccès, le triomphe en cas de réussite.

« Mais enfin, où vais-je ? demanda Catherine à Orlof, qui l'aidait à monter en voiture.

— A Saint-Pétersbourg !... » répondit Orlof en s'inclinant devant celle qui allait devenir la grande Catherine.

II

Pendant que sa chute se préparait, Pierre se livrait à de folles orgies à Oranienbaum, au milieu de ses soldats et de sa cour. Dans la matinée il quitta cette résidence pour revenir à Péterhof, où il devait célébrer sa fête, qui tombait ce jour-là. Il était dans une grande voiture découverte, avec sa maîtresse, le ministre de Prusse, qui ne le quittait jamais, et plusieurs des plus jolies femmes de la cour.

Tout à coup, un cavalier couvert de poussière et de sueur s'approche de la voiture, au grand galop de son cheval, et interpelle vivement l'empereur. C'était l'aide de camp Goudovich, qui précédait en courrier la voiture impériale, et qui venait d'être averti par un chambellan, venu en toute hâte de Péterhof, que l'impératrice en avait fui secrètement dès le matin.

Il fit connaître en outre à Pierre que le chambellan lui avait révélé les bruits très-alarmants qui s'étaient déjà répandus sur les causes de la fuite de Catherine.

L'empereur, effrayé, pâlit, et ordonna à toute sa suite de descendre de voiture et de gagner à pied Péterhof. Il se fit conduire aussitôt à fond de train au château, où il arriva quelques moments après avec Goudovich.

Il descend rapidement de voiture, il court dans

les appartements de Catherine, les visite avec le plus grand soin, se fait ouvrir toutes les armoires, tous les cabinets, regarde sous les lits, frappe de sa canne les boiseries et les plafonds, et comme en ce moment sa maîtresse et les dames de sa suite vinrent le retrouver :

« Ah! je vous le disais bien, s'écria t-il avec l'accent du plus violent désespoir, elle est capable de tout!... »

On lui amena alors un jeune valet déguisé en paysan, que lui envoyait de Saint-Pétersbourg son perruquier Bressan, dont il avait fait un conseiller d'État, et qui, resté fidèle à son maître dans cette grande débâcle, lui adressait le billet suivant :

« Les régiments des gardes sont soulevés; l'impératrice est à leur tête. Neuf heures sonnent; elle entre dans l'église de Kasan; le peuple paraît suivre le mouvement; les fidèles amis de Votre Majesté ne se montrent pas. »

L'empereur fut terrifié. Cependant, ne se rendant pas encore bien compte de la gravité de la situation, il se borna à donner à son chancelier Woronzof, oncle de sa maîtresse, l'ordre d'aller aussitôt trouver l'impératrice à Saint-Pétersbourg, pour lui faire des remontrances et la ramener dans le devoir.

Le chancelier trouva Catherine à cheval, sur la grande place du palais ; elle portait l'uniforme des gardes, la croix de Saint-André, et une branche de chêne a son chapeau ; elle avait auprès d'elle Rasoumofsky, Iwan Schouwalof et la princesse Daschkof, également à cheval. Elle était en outre environnée d'à peu près quinze mille hommes de troupes dévouées.

Woronzof accomplit sa mission dans les termes les plus dignes, les plus fermes et en même temps les plus respectueux. Catherine l'écouta avec bienveillance, et quand il eut parlé :

« Voyez, lui dit-elle en montrant le peuple et l'armée qui l'acclamaient, ce n'est pas moi, c'est la nation tout entière qui le veut !... »

L'impératrice ne lui permit pas de retourner à Péterhof, mais il fut autorisé, et même invité à écrire à l'empereur ce qu'il avait vu. Puis, quand sa lettre fut partie, il s'inclina devant Catherine, et lui prêta serment de fidélité comme chancelier.

Cependant, Pierre perdait tout à fait le peu de tête et de raison qu'il avait ; il courait comme un fou dans la grande salle du château, et donnait les ordres les plus contradictoires et les plus absurdes. Il voulait qu'on allât tuer l'impératrice, et dictait contre elle à ses soldats, transformés en secrétaires, les manifestes les plus violents et les plus injurieux ; puis, s'apercevant qu'il avait encore sur lui l'uniforme prussien, il le quitta aussitôt, pour revêtir celui de la garde impériale russe, et il couvrit sa poitrine des décorations nationales, en jetant loin de lui les croix et les rubans que lui avait envoyés le grand Frédéric. Toutes les jeunes femmes de sa cour l'entouraient consternées ; il allait de l'une à l'autre, les interrogeant, leur demandant un conseil, comme si elles eussent été capables de le tirer d'embarras.

A ce moment, le feld-maréchal Munik, qu'il avait récemment gracié de la Sibérie, où l'avait envoyé Élisabeth, et qui revenait à lui par reconnaissance ou par ambition, propose à l'empereur de fuir à Cronstadt, où l'on trouvera, dit-il, une citadelle fortifiée et imprenable, une flotte considérable, une armée dévouée, en un mot une position et des forces au moins égales à celles dont dispose Catherine.

Si Pierre eût pris aussitôt ce parti, le seul raisonnable dans sa situation désespérée, il pouvait encore changer la face des choses; mais il n'était pas, tant s'en faut, l'homme des décisions promptes. Il hésite, perd un temps précieux en discours inutiles, passe sa petite troupe en revue; puis, tout à coup, pris d'un subit accès de confiance, il éclate en reproches nouveaux contre l'impératrice, jure qu'il va la faire repentir de son crime, crie à tue-tête qu'il se vengera des misérables qui ont conspiré avec elle, tire son épée et gesticule d'une manière si extravagante que tous ceux qui l'entourent s'écartent de lui pour ne pas être blessés.

Comme il se livrait à toutes ces burlesques rodomontades, un officier arrive de Saint-Pétersbourg, annonçant que Catherine marche sur Péterhof à la tête de vingt mille hommes, et même qu'elle n'est plus qu'à quelques verstes (1).

A cette nouvelle, l'empereur n'hésite plus :

« Partons! crie-t-il. Aux yachts! aux yachts!... » Et il se précipite, suivi de sa petite cour et de sa petite armée, dans les barques qui l'attendaient.

(1) La verste équivaut à un peu plus d'un quart de lieue.

Mais Catherine, la prévoyante Catherine, n'avait pas non plus oublié Cronstadt. Le matin même, par ses ordres, le vice-amiral Talitzine était parti pour s'assurer de la fidélité de la place, annoncer le changement survenu dans le gouvernement, et proclamer l'impératrice. Talitzine n'avait pas perdu de temps, et pendant que Pierre hésitait, paradait et injuriait tout le monde à Péterhof, le vice-amiral avait pris possession de la place au nom de la nouvelle souveraine.

Le soir même, à dix heures, le yacht de l'empereur arrive en vue de Cronstadt ; on se dispose à jeter un pont pour le descendre à terre avec toute sa suite ; mais la garnison borde les remparts, prête à faire feu au premier ordre qu'elle recevra de Talitzine.

« Qui vive ?... crie-t-on du rempart.

— L'empereur !... répond Munik.

— Il n'y a plus d'empereur !... » réplique Talitzine.

Pierre, qui avait un grand manteau, le laisse tomber, montre ses décorations et son uniforme pour se faire reconnaître ; mais Talitzine, prenant en main le porte-voix, crie une fois encore, du haut du rempart, qu'il n'y a plus d'empereur, et que si Pierre persiste à vouloir débarquer, il sera obligé de faire tirer sur lui les canons des forts; que tel est l'ordre formel de l'impératrice!... Et la garnison entière, qui l'entoure, crie de toutes ses forces : Vive Catherine!...

Pierre se désole, pleure, entre dans une fureur ridicule, et se décide enfin à revenir sur ses pas et à retourner à Oranienbaum. En y arrivant il apprit que Catherine était à Péterhof avec son armée. Il veut fuir, ordonne qu'on lui selle à l'instant son cheval, annonçant qu'il allait chercher un asile en Pologne. Mais sa maîtresse, qui avait conservé sur lui tout son ascendant, le dissuada facilement de cet aventureux projet. Elle lui conseilla d'écrire à l'impératrice, et elle obtint de lui qu'il se bornerait à demander à Catherine l'autorisation de se retirer avec elle dans le Holstein, en s'engageant à y vivre tranquille et sans songer désormais à la couronne, qu'il résignerait entre ses mains par un acte spécial et authentique.

Il accepta aussitôt cette proposition, et écrivit à sa femme une longue lettre pleine de supplications et de soumission, qu'il envoya sur-le-champ par un officier dévoué, auquel il fit connaître son désir d'obtenir sa liberté et celle de sa maîtresse, à quelque prix que ce fût. Puis, pour prouver encore mieux combien était sincère sa résolution de renoncer au pouvoir, il ordonna de démanteler Oranienbaum, fit démonter les canons, et licencia sa petite troupe.

Le vieux général Munik était furieux, et il lui reprocha dans les termes les plus violents de ne point savoir mourir en empereur (1).

III

Cependant l'aide de camp était allé à Péterhof pour remplir sa mission auprès de l'impératrice. Mais celle-ci ne daigna pas répondre à la lettre de son mari; elle se borna à lui envoyer le général

(1) Frédéric II avait meilleure opinion de lui. Quand il apprit que Pierre était détrôné, il dit avec tristesse au général Tchernitchef, qui lui donnait la nouvelle : « Pauvre prince, il est mort, j'en suis sûr, car il a dû se défendre et se faire tuer ! »

Ismaïlof, porteur d'une formule de renonciation à l'empire, que Pierre signa avec une sorte d'empressement heureux, au milieu des cris d'indignation et de rage des siens, outrés de son manque de courage et de sa lâcheté. Puis il partit à son tour pour Péterhof, accompagné seulement de sa maîtresse et de son aide de camp Goudovich.

A son arrivée, il ne put obtenir de voir l'impératrice; mais les troupes, par lesquelles il fut reçu aux cris mille fois répétés de : Vive Catherine! lui dirent des injures, se jetèrent sur sa maîtresse, dont ils déchirèrent la toilette, et accablèrent de huées et de moqueries Goudovich, qui voulait s'opposer à leurs insultes. Puis ils obligèrent Pierre à quitter l'uniforme russe, et quand il fut en chemise et nu-pieds au milieu d'eux, ils le laissèrent pendant quelque temps dans ce piteux état, en se moquant de lui; enfin ils le revêtirent d'une mauvaise robe de chambre, et le séparèrent de sa maîtresse et de son favori.

On fit alors monter en voiture le malheureux czar, et on le conduisit, sous bonne escorte, au domaine impérial de Robschak, à six lieues de Saint-Pétersbourg. Pierre, en y arrivant, ne manifesta pas trop de mécontentement de se voir relégué dans ce séjour, et il ne demanda plus que trois choses pour y finir sa vie : son violon, son nègre et son chien.

C'était le 10 juillet 1762, au soir.

* * *

Mais l'impératrice le craignait encore, malgré sa nullité et le mépris dans lequel il était volontairement tombé. Manifesta-t-elle le désir de sa mort? approuva-t-elle les propositions qui lui en furent faites, ou se borna-t-elle seulement à fermer les yeux sur le projet fatal? C'est ce que l'histoire n'a jamais su.

Quoi qu'il en soit, le 17 juillet, Alexis Orlof vint à Robschak avec du vin de Bourgogne empoisonné, et il demanda à l'empereur de lui faire l'honneur de l'admettre à sa table avec Teplof, Potemkin et Bariatinsky.

Pierre, sans défiance, accepta la proposition, et

se mit même à table avec beaucoup de gaieté. Après les salaisons et l'eau-de-vie, qu'on servit d'abord suivant l'usage russe, Orlof présenta à l'empereur un verre du vin qu'il avait apporté. A peine Pierre eut-il bu qu'il comprit qu'on l'avait empoisonné. Il se mit alors à pleurer, demanda en grâce un peu de lait, et rendit aussitôt tout ce qu'il avait pris.

Pendant ce temps, les conjurés tenaient conseil dans l'antichambre, et bientôt ils rentrèrent tous ensemble. Orlof se jeta sur Pierre, le saisit par le cou et le renversa sur le plancher. L'empereur eut la force de se relever, et, sautant au visage de son assassin, il lui fit une profonde égratignure en se débattant (1), et lui cria avec l'accent de la douleur et du reproche : Que t'ai-je fait ?

Alors les autres conjurés, venant au secours d'Orlof, se jetèrent aussi sur l'empereur et l'entraînèrent vers le lit, pour l'étouffer sous les oreillers ; mais il se débattait de telle façon, en poussant

(1) La trace de son crime demeura, pendant toute sa vie, gravée sur la face d'Orlof ; on l'avait, à ce propos, surnommé *le Balafré*. Il mourut seulement en 1808, à soixante-quatorze ans.

des cris affreux, qu'il fallut songer à un autre moyen. Engelhardt, sergent de garde, apporta un mouchoir; Teplof fit un nœud coulant, le passa au cou de l'empereur, et le sergent tira de toutes ses forces, pendant que les autres assassins maintenaient les bras et les jambes de leur victime, au milieu de ses cris et de ses imprécations, qu'ils cherchaient à étouffer en lui écrasant l'estomac à coups de talon de botte et en lui enfonçant leurs genoux dans la poitrine.

Quand il fut mort, ils appelèrent Luders, le médecin du château, lui montrèrent l'empereur étendu par terre, et lui dirent en riant que Pierre venait de mourir d'une attaque d'apoplexie.

Alexis Orlof partit aussitôt pour Saint-Pétersbourg. Quand il arriva au palais, Catherine dînait en compagnie fort gaie. Orlof entra dans la salle du festin, pâle, couvert de sueur, échevelé, déchiré, sanglant. L'impératrice le regarde, sort précipitamment de table, et entraîne dans une salle voisine Orlof, qui lui apprend ce qui vient de se passer. Effrayée des conséquences du crime, Catherine fait appeler aussitôt Panin.

Le comte rassura l'impératrice; il était facile,

disait-il, d'attribuer la mort de Pierre, qui avait déjà été malade quelques jours auparavant, à une cause accidentelle, dont on aurait soin d'ailleurs de peu parler. Puis il conseilla d'attendre au lendemain pour publier la nouvelle, comme si on ne l'avait apprise que pendant la nuit. Alors Catherine, moins inquiète, les laissa pour qu'ils pussent se concerter sur les mesures à prendre, et elle reparut à table avec le même visage, le même calme et la même gaieté.

Le lendemain elle fit répandre, dès le matin, le bruit que l'empereur était mort la veille d'une colique hémorrhoïdale; puis elle prit des vêtements de deuil, et parut, au milieu de sa cour, baignée de larmes, se soutenant avec peine sur les bras de deux chambellans, et affectant la plus grande douleur. Elle ordonna ensuite les funérailles de son mari.

Comme Pierre n'avait pas été couronné, il ne pouvait, selon l'usage consacré, être enterré au milieu des czars ses prédécesseurs. Dans la nuit du 18 au 19 juillet, on transporta le cadavre de Robschak au couvent d'Alexandre Niewski, où il fut le lendemain exposé publiquement.

Pierre était revêtu de l'uniforme du Holstein ; on avait dû, pour dérober aux visiteurs les traces de sa fin tragique, entourer son cou d'une cravate énorme, qui le cachait tout à fait. Au milieu de la foule accourue pour contempler le cadavre se trouva le vieux général Troubetzkoï, qui, ayant des doutes sur les causes de la mort du pauvre empereur, se précipita sur le corps pour arracher la cravate. On dut l'éloigner par la force avant qu'il eût accompli son dessein.

Le 21 juillet, quatre laquais de la cour descendirent dans le caveau du couvent le corps de l'empereur, dont la face était déjà toute noire. On ne dit point de prières pour le repos de son âme, et la cérémonie n'eut aucune pompe ni aucune publicité, ce qui autorisa par la suite les faux Pierre III à prétendre que l'empereur n'était pas mort (1).

Caherine récompensa largement les assassins de son mari. Teplof fut fait sénateur, Bariatinsky de-

(1) Il n'y eut pas moins de sept pseudo-Pierre, dont le fameux Pougatchef, qui, après quelques succès importants, fu trahi par les siens et vendu cent mille roubles à Catherine. On le conduisit dans une cage de fer à Moscou, où il fut décapit le 24 janvier 1774.

vint ambassadeur, Alexis Orlof fut créé amiral, et le sergent Engelhardt élevé à la dignité de général et de gouverneur de ville. Enfin, deux soldats aux gardes, qui avaient aussi aidé à l'assassinat, furent comblés de présents et nommés officiers. Puis, peu de temps après, comme elle redoutait leurs indiscrétions, un beau jour Catherine les fit tout simplement étrangler.

RELATION DE LA FIN ÉTRANGE
DE L'IMPÉRATRICE CATHERINE II
DE RUSSIE

I

CATHERINE occupa trentre-quatre ans le trône que l'assassinat de son mari venait de lui donner. Elle laissa dans l'ombre, en le tenant éloigné de la cour et des affaires, le véritable héritier de la couronne, son fils le grand-duc Paul, qui eut le loisir, dans sa solitude de Gatchina, de devenir aussi farouche et aussi fantasque que son père l'avait été, pendant que Catherine, tenant en main le sceptre qu'elle lui avait volé, remplissait le monde du bruit de ses victoires, de l'éclat de sa grandeur et du scandale de ses amours.

Les ambassadeurs de France à Saint-Pétersbourg, à cette époque, ne se gênent pas pour la qualifier et la juger sévèrement (1). Ce n'est pas seulement la grande Catherine qu'ils nous présentent ; c'est aussi la Catherine amoureuse, satisfaisant sa passion avec le premier venu, pourvu qu'il fût bel homme, aimable et de complexion résistante.

Les princes, ses contemporains, ne l'ont pas ménagée non plus. Marie-Thérèse ne l'appelait jamais que « cette femme », et cela de l'air le plus hautain et le plus méprisant du monde. La cour de Versailles la baptisait d'adjectifs que nous ne répéterons pas ; il est vrai que celles qui menaient alors la politique française se nommaient Pompadour et, un peu plus tard, Du Barry.

En revanche, Voltaire, qui était à genoux devant

(1) Il en est un cependant qui lui a fait la part un peu trop belle : c'est l'historien comte Louis-Philippe de Ségur, qui est mort en 1830. Dans ses *Mémoires* sur son ambassade auprès de Catherine, il trace un tableau très-brillant des grandes qualités de cette princesse ; mais, tant soit peu courtisan, il oublie à dessein tout ce qu'il aurait pu nous révéler sur la honteuse licence de ses mœurs.

tous ceux qui lui prodiguaient l'encens de leurs louanges, et qui entretenait avec Catherine une correspondance suivie, l'avait surnommée « la Sémiramis du Nord », et le prince de Ligne, dans un jour de belle humeur, l'avait appelée justement, malgré ses vices, « Catherine le Grand. » Enfin, plus récemment, Herzen, dans ses *Mémoires sur la Russie*, la désigne « une lady Macbeth sans remords et une Lucrèce Borgia née sous un autre ciel. »

Tout cela certainement est fort exagéré, et il ne faut pas prendre au pied de la lettre toutes ces flagorneries et toutes ces injures. Catherine fit faire à la civilisation en Russie un pas immense; elle ouvrit ce vaste empire aux lettres et aux sciences, aux arts et aux artistes; elle le releva de l'abrutissement et de l'ignorance; elle l'agrandit par ses conquêtes. Comme Pierre le Grand, elle a laissé dans l'empire russe des traces ineffaçables de son passage. Mais, d'autre part, la Catherine dissolue le fut autant qu'on peut l'être; un Louis XV femelle, héros d'un nouveau parc-aux-cerfs, affichant publiquement ses amants, sans honte et sans pudeur, comme le roi de France affichait ses maîtresses!

Elle n'en eut pas moins de douze, dont l'histoire a relevé avec soin les noms, les qualités, ainsi que la durée de leur faveur. Ajoutez à ce chiffre ceux que sa fantaisie souveraine lui donna pour un jour, et pensez quel spectacle édifiant dut offrir cet impérial libertinage, dont la durée fut presque d'un demi-siècle !

Son premier amant fut Serge Soltykof, qu'on donne pour père à l'empereur Paul. Comme Pierre III passait pour impuissant, on a été jusqu'à dire que Soltykof eut le premier les faveurs de la grande-duchesse.

A celui-ci succéda Stanislas Poniatowski. L'envoyé français Durand écrit, à son sujet, le 19 avril 1774 :

« L'impératrice eut pour amant Poniatowski, non par amour romanesque, mais par débauche ; car elle disait de lui qu'elle ne l'aimait pas, et qu'elle se servait des hommes tant qu'ils valaient quelque chose, mais qu'après cela elle voudrait pouvoir les jeter tous au feu comme de vieux meubles. »

Cela ne l'empêcha pas d'en faire un roi de Pologne, quand il cessa d'être son favori.

Puis vint Grégoire Orlof, qu'elle fit prince. Il fut

son amant pendant douze ans, et mourut fou en 1783.

Il eut pour successeur Wasilitschikof, dont la faveur n'eut que la durée d'un caprice passager.

Potemkin le remplaça. Il aida à l'assassinat de Pierre III, et joua, en amour, auprès de son impériale maîtresse, le rôle bizarre d'une sorte de Pompadour masculin. « Il s'appliquait, en effet, à renouveler sans cesse les plaisirs de sa souveraine, pour rester en crédit; il lui donna successivement six amants de passage, de même que les jeunes filles du parc-aux-cerfs étaient fournies à Louis XV par sa favorite (1). »

La mort de ce puissant favori faillit causer celle de Catherine, qui fut très-gravement malade de douleur. Pendant sa faveur, elle eut en même temps que lui pour amants :

Zawadokowsky, qu'elle remplaça presque aussitôt par Zoritsch, fort bel homme, mais ignorant et bête, qui avait été aux galères, et qui cependant trouva le moyen de rester en faveur pendant plus d'un an;

(1) Voyez le *Livre de la Nation polonaise*. Dentu, 1864.

Korsakof, qui ne lui fut point fidèle, et qu'elle surprit un jour dans son propre lit avec la comtesse Bruce, sa dame d'honneur ;

Lanskoï, chevalier-garde. C'était un beau et noble jeune homme ; il avait de l'esprit, des talents agréables, une tournure distinguée, et, choisi comme amant de passage, il serait peut-être devenu favori en titre, si Potemkin, redoutant que son crédit ne prît de dangereuses proportions, ne l'avait, dit-on, fait empoisonner ;

Yermolof le remplaça ; il n'eut aucune influence, et disparut obscurément au bout de deux ans ;

L'avant-dernier fut Momonof, qui se lassa d'elle presque aussitôt, et auquel elle permit néanmoins d'épouser la princesse Scherbatof, qu'il lui avait préférée.

Catherine avait soixante ans, et son dernier amant, qu'elle prit alors, Platon Zoubof, en avait à peine vingt-cinq ! Les faiseurs de jeux de mots ont prétendu depuis qu'elle avait voulu finir par un amour platonique.

Comme Zoubof n'avait pas un grand goût pour sa sexagénaire maîtresse, et qu'il était coureur, ce qu'elle souffrait volontiers, afin de ne pas le perdre tout à fait, elle lui adjoignit son frère Valérien et Pierre Soltykof. Elle eut donc ainsi, pour couronner sa carrière, trois amants à la fois.

Jamais, pendant le temps de son long règne, le poste de favori ne resta, même vingt-quatre heures, vacant. Elle en avait fait une charge de l'État, et naturellement la première, la plus importante et la mieux rétribuée. Le favori en titre avait logement au palais, avec les prérogatives les plus étendues. Mais il ne lui était pas permis de tomber malade; dans ce cas, qui s'est souvent présenté, il était aussitôt pourvu momentanément à son remplacement par un suppléant quelconque, du goût de l'impératrice.

Je voudrais pouvoir raconter les graveleux détails de l'installation de chaque favori nouveau; ce qui se passait entre lui, le médecin de l'impératrice et sa dame d'honneur, qui, dans les derniers temps, était une certaine demoiselle Protasof, laquelle jouait à la cour un rôle assez peu qualifiable! Je voudrais pouvoir dire aussi dans quelle cérémonie était reçu le nouveau favori, et la manière facile et libre dont l'impératrice l'accueillait aussitôt. Mais il me faudrait entrer dans des détails que le respect dû au lecteur m'oblige absolument à supprimer (1).

A la fin de sa vie, l'impératrice s'était formé un petit cercle, composé de ses trois amants et de quelques autres personnes qui se réunissaient avec elle dans une sorte de petit Trianon qu'on appelait l'Ermitage, et où elle n'admettait que de rares invités, choisis avec le plus grand soin dans la société aimable et intelligente de Saint-Pétersbourg.

Elle avait fait de l'Ermitage un véritable temple des arts, où elle avait réuni les chefs-d'œuvre de toutes les écoles de peinture, plusieurs bibliothèques (entre autres, celles de Voltaire et de Diderot), et beaucoup d'autres collections artistiques. Dans cette délicieuse retraite, on causait littérature et art, on jouait souvent la comédie, et presque toujours des petites pièces composées par l'impératrice elle-même (2). La plus grande liberté, surtout une liberté qui engendrait trop souvent la licence, était non-seulement autorisée, mais ordonnée. L'Impératrice donnait elle-même le signal des plaisirs, et y prenait toujours la plus grande part.

(1) Voyez notamment les trop crus mais très-curieux *Mémoires sur la Russie*, de Masson. Paris, 1803.

(2) Voyez le *Théâtre de l'Ermitage*. Paris, 1799; 2 vol.

C'est là qu'elle reçut plusieurs fois, et précisément quelque temps avant de mourir, le jeune roi de Suède, fils du malheureux Gustave III. Elle ne se gêna pas pour mener devant lui le même genre de vie, et l'on raconte qu'il ne fut, d'ailleurs, jamais en reste avec elle d'amabilité et de galanterie.

II

Le séjour de Gustave IV à Saint-Pétersbourg fut fatal à Catherine. Elle passa six semaines avec lui, au milieu des fatigues continuelles de plaisirs de toutes sortes, sans cesse renouvelés.

Comme elle était très-grosse, d'une ampleur même presque difforme, et que ses jambes, enflées et souvent ouvertes, la faisaient parfois horriblement souffrir, l'impératrice ne pouvait plus, depuis longtemps déjà, descendre ou monter sans danger l'escalier du palais. Mais elle était fort coquette, et, voulant toujours paraître jeune et bien portante, elle bravait la souffrance pour faire encore ce que sa santé et ses forces actuelles lui défendaient depuis longtemps. Entre autres artifices de toilette, Catherine employait, pour cacher ses rides et son âge, le fard et les poudres, dont elle couvrait outre mesure son visage vieilli. Elle gagnait à cela de violents maux de tête, qui se terminaient parfois par des évanouissements de plus ou moins de durée.

Le 4 novembre 1796, étant à l'Ermitage, entourée de son favori, de ses intimes et de quelques autres personnages invités à son cercle, elle parut d'une gaieté extraordinaire. Elle avait reçu le jour même la nouvelle que Moreau venait de repasser le Rhin en présence des troupes russes. Elle avait témoigné une grande joie de ce succès et l'avait fait publier aussitôt dans la capitale. En même temps elle avait écrit à M. de Cobentzel, ambassadeur d'Autriche à sa cour, pour lui annoncer ce qu'elle regardait comme un grand triomphe (1), un billet

(1) Ce prétendu triomphe était l'admirable et fameuse retraite de Moreau, causée par les défaites successives de Jourdan à l'armée de Sambre-et-Meuse.

curieux par sa forme, sa légèreté et sa tournure toute française :

« Je m'empresse d'annoncer à l'excellente Excellence que les excellentes troupes de l'excellente cour ont excellemment battu les peu excellents Français. »

Le soir, Catherine se retira de bonne heure dans ses appartements, se plaignant d'un peu de malaise, et se sentant, disait-elle, de légères coliques, parce qu'elle avait trop ri.

Le lendemain 5 novembre, elle reçut dès le matin son favori, et successivement ses divers secrétaires d'État. Pendant qu'elle travaillait avec le dernier, elle se leva, le pria de l'attendre un moment et passa dans sa garde-robe. Après vingt minutes d'attente, comme l'impératrice ne revenait pas, le secrétaire fut inquiet et appela une des dames de service, qui entra dans le petit salon de Catherine, sur lequel donnait la garde-robe.

On vit alors un horrible spectacle. Catherine était étendue sans connaissance et sans mouvement sur sa chaise percée ; sa face était bouffie, une légère écume sortait de ses lèvres fermées, ses yeux étaient entourés d'un cercle bleuâtre, et ses rides fortement dessinées, comme si l'on eût passé de la couleur noire dans leurs lignes pour les accentuer davantage.

Le palais fut aussitôt dans le plus grand bouleversement. Zoubof, le favori, accourut ; on appela les médecins, les ministres, le corps diplomatique, les employés de la cour, etc. On jeta bien vite sur le plancher, près de la fenêtre du salon, un matelas sur lequel fut étendue l'impératrice; on la saigna, on lui donna des lavements, on chauffa ses pieds avec des linges brûlants; tout fut inutile, elle ne revint pas à elle. Cependant le principe de vie n'était pas disparu, puisque, chose curieuse, le seul endroit d'elle-même qui indiquât qu'elle vivait encore était son ventre, qu'on voyait se soulever et se baisser successivement, et où son dernier souffle semblait s'être réfugié.

Le grand-duc était alors à Gatchina, où il surveillait les travaux de construction d'un moulin. Il ne put être prévenu de l'événement que dans la journée, et il arriva seulement le soir, à huit heures, auprès de sa mère toujours immobile.

La journée du lendemain se passa de la même manière, l'impératrice étant toujours dans la même position et dans le même état, le grand-duc debout dans le salon au milieu de la cour, tout le monde attendant le dénoûment.

Ce petit salon rempli de cette foule nombreuse, cette grande reine mourante, ces courtisans anxieux, ce prince ne sachant encore s'il va retourner le lendemain dans sa solitude ou occuper le trône dont Catherine a porté si haut la gloire, tout cela offrait un curieux tableau dont un contemporain nous a retracé le plus singulier et le plus étrange épisode.

Niemcewicz, ami et compatriote de Kosciuszko, raconte ainsi la mort de Catherine dans les mémoires qu'il a laissés :

« Les ministres accoururent. Quel spectacle! L'immortelle Catherine, la maîtresse du tiers du globe habité, renversée sur sa chaise percée!.. On l'enlève, on la couche sur son lit ; elle ouvrit encore un instant les yeux, mais elle ne parlait plus et avait perdu connaissance. Cette mort incomplète de Catherine mettait les courtisans dans la plus grande perplexité, car ils étaient en présence de deux souverains dont l'un, il y a quelques heures de cela, était maître de leurs biens et de leur vie, et pouvait peut-être encore revenir, puisqu'il remuait ; l'autre, dans la force de l'âge et de la santé, touchait déjà du bout des doigs le sceptre, et promettait de le tenir ferme et fort longtemps.

« Or, l'empressement ou l'indifférence pour l'un ou pour l'autre pouvait également compromettre, était également dangereux. Dans ce cruel embarras ils prirent pour boussole de leurs actions et de leurs mouvements le ventre de leur souveraine. S'agitait-il avec force, vite ils se rangeaient du côté du lit et poussaient les cris les plus lamentables ; commençait-il à se ralentir, plus vite encore, d'un air moitié joyeux, moitié respectueux, ils se précipitaient vers le grand-duc.

« Ces manœuvres de crainte et de flatterie durèrent près de quarante heures de suite, car ce n'est que le lendemain, à onze heures du soir, que le ventre cessa entièrement de s'agiter, et que l'immortelle se trouva morte pour tout de bon (1). »

En effet, ce soir-là même, le 6 novembre 1796,

(1) *Notes sur ma captivité à Saint-Pétersbourg*, dans le *Livre de la Nation polonaise*, traduit par A. Lévy.

vers les dix heures du soir, l'impératrice commence à râler horriblement ; ses mains se soulèvent et retombent, sans pouvoir faire le signe qu'elles semblaient indiquer. Un peu avant onze heures, Catherine expire après une muette agonie qui n'avait pas duré moins de trente-sept heures.

Elle avait alors soixante-sept ans.

LE CRIME DU 23 MARS 1801

A SAINT-PÉTERSBOURG

MORT DU CZAR PAUL Ier

I

Le fils de Catherine, ce fils qu'elle avait tenu avec le plus grand soin éloigné d'elle, et qui n'avait pris jusqu'alors aucune part aux affaires de l'État, lui succéda sous le nom de Paul Ier.

On sait qu'à sa naissance (1er octobre 1745), le bruit courut qu'il n'était pas le fils de Pierre III, mais bien le fruit des coupables amours de sa mère avec le comte Serge Soltykof. Catherine elle-même, dans ses *Mémoires*, ne craint pas de faire un aveu tout en faveur de ce dernier (1). Mais comment expliquer alors que les amours de ce Soltykof « beau comme le jour » et de cette Catherine « de si haute élégance et de si rare distinction » aient produit un prince aussi désagréable, maniaque, disgracié au physique, bizarre, violent, obstiné, en un mot d'une ressemblance si parfaite avec Pierre III, et qui, comme lui, régna à coups de décrets ridicules et absurdes, pour finir aussi comme lui de la mort la plus terrible et la plus tragique?

Le premier soin de Paul, en montant sur le trône, fut de rendre à son père, le czar Pierre III, les honneurs funèbres dus à un empereur, et que Catherine lui avait refusés après son assassinat. Il y avait trente-quatre ans que le nom et même le souvenir du malheureux prince étaient proscrits dans toutes les bouches comme dans toutes les mémoires. Paul voulut que les honneurs qui allaient être rendus à la défunte czarine Catherine II fussent

(1) L'ambassadeur de France en Russie écrivait à sa cour, le 14 avril 1762, au milieu des six mois du règne de Pierre III : « Vous n'ignorez pas que M de Soltykof est le véritable père du jeune grand-duc. »

en même temps et au même lieu rendus à l'empereur Pierre III son mari.

Le 19 novembre 1796, il alla lui-même en cérémonie dans le couvent d'Alexandre Niewski, où son père avait été obscurément inhumé, en 1762, dans un caveau inconnu. Il se fit conduire par un vieux moine devant le cercueil impérial; il le fit ouvrir, et, s'agenouillant auprès de ces restes augustes, il versa d'abondantes larmes. Il prit ensuite le gant qui cachait la main du squelette, et le porta plusieurs fois à ses lèvres en le couvrant de ses baisers. Puis il fit élever dans l'église du couvent un catafalque magnifique où le cercueil fut déposé, et où les mêmes cérémonies qui s'accomplissaient pour Catherine au palais impérial furent scrupuleusement ordonnées et observées pour son époux.

Le jour des funérailles de sa mère étant arrivé, Paul fit d'abord procéder au couronnement solennel du cercueil de son père, qui fut ensuite porté au palais, couronne en tête, et placé à la droite de celui de l'impératrice. La cour et le peuple vinrent successivement défiler, pendant plusieurs jours, devant la lugubre exposition de ce squelette costumé en empereur et du corps déjà défiguré de la grande Catherine. Elle avait été mal embaumée, et ses traits devinrent bien vite méconnaissables; quelques heures seulement après sa mort, son visage, tout enflé, parut noir et bleu, et le cercle de ses yeux se couvrit d'une teinte jaunâtre hideuse à voir.

Enfin, le 18 décembre, on porta en grande pompe les deux cercueils à la citadelle, où se trouve la sépulture des impératrices et des empereurs. C'est dans cette dernière cérémonie que Paul exerça une vengeance cruelle contre les assassins de son père. Il en existait encore deux : Alexis Orlof et l'aîné des princes Bariatinsky. L'empereur exigea qu'ils suivissent le convoi impérial, à pied, en longs vêtements de deuil, et placés immédiatement derrière le cercueil même de leur victime, les désignant ainsi à l'attention du peuple qui se pressait en foule à cette cérémonie aussi terrible qu'inattendue (1).

(1) Ils firent bonne contenance pendant le trajet du palais à la citadelle; Orlof surtout montra une assurance inaltérable A la citadelle, quand on descendit le cercueil dans le caveau, l'empereur leur fit tenir à chacun un coin du drap funèbre, et les obligea à s'agenouiller ensuite au moment des suprêmes prières, pendant lesquelles son regard sévère et vengeur resta constamment fixé sur eux.

Le règne de Paul avait bien commencé : certaines mesures, pleines d'humanité, lui avaient rallié le peuple ; d'autres, absolument politiques, avaient satisfait l'aristocratie et l'armée. Mais bientôt l'abus extravagant qu'il fit du pouvoir diminua la bonne impression d'abord produite. Ainsi que son malheureux père, Paul avait la tête faible ; comme rien ne contrariait ses volontés, que ses décrets étaient aussitôt exécutés que rendus, et que ses courtisans, flatteurs et menteurs comme tous les courtisans, approuvaient et exaltaient sa conduite, il se laissa aller promptement aux idées les plus folles et les plus fatales.

Comme Pierre III vivant dans sa forteresse au milieu d'une petite armée, Paul, seul à Gatchina avec quelques compagnies des gardes, les avait disciplinées, organisées et habillées à sa façon. S'arrêtant aux plus petits détails de la tenue des troupes, il publia, aussitôt qu'il fut empereur, ukase sur ukase pour la modifier perpétuellement. Chaque jour, par n'importe quel temps, Paul passait ses soldats en revue, la tête nue bien qu'il fût chauve, obligeant ses officiers, et même les princes ses fils, à braver comme lui la pluie, la neige et le froid, et se bornant à faire emporter tranquillement, sans mot dire et en haussant les épaules, ceux que la rigueur de la saison et une parade trop prolongée faisaient tomber par terre devant lui.

C'est là qu'il étudiait et ordonnait ses réformes, qui étaient aussitôt publiées et exécutées dans tout l'empire ; réformes mesquines et ridicules, modifiant un jour la largeur d'un parement ou la couleur d'un bouton, supprimant un galon ou diminuant un plumet, substituant à l'habit la tunique, et faisant remplacer le lendemain la tunique par l'habit; car une semaine après l'empereur changeait presque toujours brusquement d'avis, et l'ordre qu'il venait de donner était aussitôt révoqué, alors même qu'il était déjà en partie ou tout à fait mis à exécu tion.

Malheureusement Paul ne se borna pas à réformer la tenue de ses soldats, il voulut aussi régler celle des bons bourgeois de sa bonne ville de Saint-Pétersbourg.

La mode importée depuis peu de France en Russie, était alors de porter des chapeaux ronds. Paul exécrait en ce moment la révolution française, qu'il devait un peu plus tard admirer en se passionnant pour l'homme de génie qui allait la personnifier, puis l'absorber. Ne voulant rien recevoir « de cette chienne de France ni de ces chiens de Français, » pas même la forme d'une coiffure, il fit défendre de se montrer désormais dans la ville en chapeau rond. Comme ses ordres ne s'exécutaient que lentement, il fit aposter au coin des principales rues des soldats chargés d'ôter le chapeau de tout passant qui n'aurait pas observé les prescriptions de son impériale ordonnance. Lui-même, quand il traversait la ville dans son drowsky, envoyait les officiers de sa suite décoiffer ceux qu'il apercevait portant le chapeau prohibé.

On rit d'abord de la mesure, mais bientôt on murmura et l'on trouva l'empereur absurde. Quelques jours après, on le trouva plus absurde encore : un ukase parut ordonnant à tout propriétaire de voiture de ne plus atteler ses chevaux qu'à la manière allemande, et d'habiller également ses cochers à l'allemande, c'est-à-dire de couper leur barbe et de porter une perruque à queue, ce qui était aussi ridicule que gênant (1).

(1) On raconte qu'un officier de la garde, qui n'avait pas encore eu le temps de se conformer aux prescriptions de l'ordon-

L'empereur eut ensuite l'idée de restaurer une vieille coutume d'étiquette, tombée depuis longtemps en désuétude à cause de la difficulté de son accomplissement dans une ville aussi populeuse et aussi agitée que Saint-Pétersbourg. Une ancienne loi voulait que, l'empereur, l'impératrice ou le grand-duc héritier passant en voiture dans une rue de la ville, chacun descendît de la sienne, s'inclinât et se prosternât à deux genoux, dans la boue, la poussière ou bien la neige. Les habitants de la ville qui étaient à pied devaient en faire autant, et les étrangers eux-mêmes n'étaient pas exemptés de cette dure et rebutante obligation.

Paul voulut que cette absurde loi, inventée au moyen âge, fût observée de nouveau dans toute sa rigueur, et il fit punir de la manière la plus grave toute infraction constatée (1).

nance, avait renoncé momentanément à aller en voiture. Se rendant à la parade, il faisait porter derrière lui, par un soldat, son sabre et son manteau. L'empereur l'ayant rencontré se mit en fureur, dégrada l'officier, qu'il fit soldat, et, par compensation, nomma le soldat officier.

(1) Un des brigadiers de l'empereur, M. de Likarof, était malade à la campagne. Sa femme vient en toute hâte à Saint-Pétersbourg pour y trouver un médecin. Sa voiture rencontre

En politique, il fit bientôt preuve de légèreté et d'inconstance, et son gouvernement fut promptement discrédité à l'étranger. En effet, on le vit, pendant quatre ans de règne, former alliance avec toutes les puissances de l'Europe, et avoir peu après la guerre avec elles. Farouche et défiant, il renvoyait ses ministres sur un soupçon et nuisait ainsi à la bonne expédition des affaires. En quatre ans, il n'eut pas moins de quatre ministres des affaires étrangères, et de cinq ministres de l'intérieur. Dans son empire aucun fonctionnaire n'était sûr de sa place, et bien peu la conservèrent pendant le peu de temps que dura son règne. Sa sévérité à l'égard de tout le monde, à quelque rang que l'on appartînt, était devenue terrible ; la moindre infraction aux édits impériaux qui contrariaient les goûts, les mœurs et les habitudes de la nation, était punie du knout, de la dégradation ou de l'exil, et quel exil ! La Sibérie, c'est-à-dire, le plus souvent, la mort !...

Enfin, comme pour ajouter à toutes ces causes

celle de l'empereur ; comme elle ignore la restauration de la loi abrogée sous Catherine, elle ne s'arrête pas pour se prosterner. L'empereur la fait jeter en prison, où elle devient folle, pendant que son mari meurt, faute du secours qu'elle était venue chercher.

de mécontentement et de mépris, l'empereur, entraîné par quelques-uns de ses familiers qui, après avoir rempli auprès de lui des fonctions absolument subalternes, étaient devenus les premiers personnages de sa cour (1), l'empereur, disons-nous, se livra avec eux, et par leurs soins, à la débauche la plus crapuleuse. Et il ne s'en cacha point. On le vit, le soir, courir les rues de la ville dans la triste compagnie de quelques hommes vulgaires, aller dans les mauvais lieux, et parfois même ramener au palais impérial, où résidaient l'impératrice et ses filles, d'ignobles femmes avec lesquelles le souverain et ses amis se livraient pendant toute la nuit à d'épouvantables orgies.

Toutes ces causes, les petites et les grandes, les tracasseries mesquines et les ruineuses inconstances de sa politique, les petits édits de toilette et les folles déclarations de guerre à l'Europe, se réunirent à la fois pour amener une catastrophe que tout le monde prévoyait, et que peut-être aussi tout le monde désirait

(1) Entre autres Koutaïsof, son barbier, que l'empereur fit comte et grand écuyer, et qu'il décora des ordres russes les plus respectés.

II

Le gouverneur militaire de Saint-Pétersbourg était alors le comte Pierre-Louis de Pahlen, qui occupait en outre beaucoup d'autres charges importantes de l'État (1). D'un caractère astucieux et adroit, sous une grande apparence de franchise, il avait acquis la confiance et l'amitié de l'empereur, qui en général n'aimait personne et se défiait de tout le monde.

C'est Pahlen qui le premier, dès le mois d'octobre 1800, eut l'idée d'une conspiration ayant pour but de remplacer l'empereur Paul par son fils aîné, le grand-duc Alexandre. Il trouva dès lors, pour écouter son projet, quelques personnages qui devaient plus tard devenir ses principaux com-

(1) Il fut à la fois gouverneur militaire de Saint-Pétersbourg, gouverneur général de l'Ingrie et de la Livonie, ministre des affaires étrangères, et directeur général des postes. Il mourut à quatre-vingts ans, en 1826.

plices : l'amiral Rivas, le général Talitzin, le vice-chancelier comte Panin, enfin et surtout le grand-duc héritier lui-même.

Le comte Panin (1) se chargea d'obtenir l'assentiment du czaréwitch Alexandre à la déposition de son père. Il ne fut pas question d'assassinat, et l'on peut dire avec certitude, malgré tous les bruits calomnieux répandus par les chroniques, les romans et les pamphlets sur l'événement fatal du 23 mars 1801, qu'Alexandre ne se douta jamais qu'on dût tuer son père, et d'autant plus que pendant l'organisation du complot il ne fut jamais question de donner la mort au czar.

Les conjurés connaissaient trop bien le caractère élevé et les nobles sentiments d'Alexandre pour oser émettre devant lui même la pensée d'un meurtre qu'il aurait énergiquement empêché, malgré les craintes personnelles qu'on lui inspira pour faire taire les scrupules de sa conscience. D'ailleurs, les conjurés eux-mêmes ne se défirent de l'empereur qu'après y avoir été contraints dans l'intérêt

(1) Neveu du comte Panin (Nitika). Il avait hérité de son titre. Voyez la note page 16.

de la réussite de leur tentative, et aussi de leur propre salut.

Le désespoir d'Alexandre quand il apprit la mort de son père, la maladie longue et lente qu'il fit au commencement de son règne, la tristesse et les sombres préoccupations qui ne l'abandonnèrent plus pendant toute sa vie, ses remords (1) pour avoir seulement autorisé le complot, prouvent d'une manière irréfutable qu'il fut absolument étranger à son sanglant dénoûment. Il le seconda par l'appui de son nom et de son silence, la chose est certaine; mais nous allons voir comment il y fut assez naturellement amené.

Au moment même où cette première conspiration se préparait, on dut forcément en remettre l'exécution à des temps plus propices, à cause de la disgrâce du comte Panin, exilé dans ses terres pour des motifs étrangers au complot. Mais à la fin de l'année 1800, Paul ayant, dans un moment de bonne

(1) La nuit de sa mort, arrivée à Taganrog le 1er décembre 1825, Alexandre, dans son agonie, s'écria plusieurs fois, en regardant le médecin qui le soignait : « Ah ! docteur, quelle horrible action !... » Allusion évidente au crime commis vingt-quatre ans auparavant.

humeur, rappelé à Saint-Pétersbourg la famille Zoubof, qu'il avait chassée de Russie après la mort de sa mère, la conspiration se trouva reconstituée plus fortement par l'adjonction des trois principaux membres de cette influente famille, le prince Platon, ancien amant de Catherine, et les comtes Nicolas et Valérien. Ce dernier surtout était un homme sûr, énergique et entreprenant; il était moins courtisan que ses frères, d'une vie plus dure, plus sévère, moins efféminée. C'est lui qui fit entrer dans le complot l'un de ceux qui devaient surtout le faire réussir, le général de Benningsen (1), homme d'une grande capacité, plein de courage et de sang-froid, et qui avait servi autrefois en Perse sous ses ordres.

Benningsen commandait une ville de province assez éloignée, où l'empereur l'avait envoyé un peu par disgrâce, parce qu'il l'avait entendu désapprouver la guerre que la Russie faisait alors à l'Angleterre, guerre dont la cause n'était connue de personne, par la bonne raison qu'elle n'en avait pas.

(1) Né en 1645. Il était général en chef des troupes russes à Pultusk, où Lannes le battit en 1807; il commandait aussi à Eylau. On le retrouve encore à la Moskowa (1812) et à Leipsik (1813), où il est créé comte. Il mourut aveugle en 1826.

Pahlen, qui était aussi son ami, fit venir secrètement le général à Saint-Pétersbourg, où il dut rester caché pendant les quelques jours qui précédèrent l'exécution du complot. Il fut chargé du commandement de la troupe qui devait entrer dans le palais pour s'emparer de l'empereur, pendant que, de son côté, Pahlen dirigerait le détachement de soldats destiné à cerner le palais lui-même, afin d'arrêter Paul s'il parvenait à s'échapper.

Les chefs de la conspiration étaient donc au nombre de six, car l'amiral Rivas mourut quelques semaines avant l'événement. Chacun d'eux recruta dans l'armée, dans les gardes, un peu partout enfin, des adhérents parmi ses amis ; le nombre des gens sûrs et dévoués qui se joignirent ainsi aux conspirateurs fut d'environ cinquante.

A ce moment il ne s'agissait plus que de prendre quelques mesures dernières avant de fixer la nuit pendant laquelle on devait agir, lorsque deux événements importants et imprévus hâtèrent l'exécution du projet.

Le grand-duc Alexandre hésitait encore à donner son consentement définitif, sans lequel les conjurés n'osaient rien entreprendre. Pahlen employa, pour triompher de ses dernières indécisions, un stratagème qui aurait pu avoir les plus terribles conséquences si le complot n'avait éclaté aussitôt. Il alla trouver l'empereur, osa lui parler d'une conspiration qu'il avait, dit-il, découverte, et dans laquelle il était lui-même entré afin de mieux connaître les conjurés ainsi que leurs moyens d'exécution. Il eut l'audace d'ajouter que le premier conjuré était le propre fils du czar, le grand-duc Alexandre; mais il dissuada l'empereur de faire immédiatement un éclat, pour laisser au cor plot le temps de s'organiser complétement afin de pouvoir s'emparer plus sûrement de tous ceux qui y auraient pris part. Toutefois, il demanda à Paul et obtint de lui un ordre d'arrestation au nom du grand-duc Alexandre, ordre dont il se servirait, disait-il, en sa qualité de gouverneur militaire de la ville, pour faire arrêter le prince sur-le-champ, si la chose devenait nécessaire d'une façon plus urgente.

Muni de cet ordre, Pahlen le montra aussitôt au grand-duc, qui savait parfaitement que son père n'était pas homme à reculer devant le choix des moyens pour sévir contre lui, et que si, sur un simple soupçon, il commandait d'arrêter l'héritier du trône, il pourrait aussi bien, s'il venait à connaître sa participation certaine à un complot contre sa personne, ordonner également sa mort.

Alexandre n'hésita plus, et c'est seulement alors qu'il approuva tout à fait la conspiration, qui dans sa pensée n'avait pour but que la déposition de son père et non son assassinat.

L'empereur lui-même fournit aux conjurés un motif également sérieux pour précipiter les choses. Il y avait alors un général d'artillerie nommé Araktchéjef, que Paul affectionnait tout particulièrement parce qu'il était sévère, dur et inflexible (1). L'empereur, qui voyait toujours une conspiration dans l'air, et justement cette fois, et qui se défiait promptement de tous ceux qu'il employait, songea à donner à ce général le commandement militaire de la ville en remplacement de Pahlen, soit que la révélation faite par celui-ci lui eût inspiré contre lui quelques soupçons, soit qu'il voulût une main plus ferme et plus implacable que la sienne pour faire exécuter les hautes vengeances qu'il méditait.

(1) En 1825, on fut obligé de le mettre à la retraite, parce que sa sévérité l'avait rendu si odieux, qu'aucun officier ne voulait servir sous ses ordres. Il mourut en 1834.

Araktchéjef était alors dans ses terres, et Paul lui expédia aussitôt un courrier, avec ordre de revenir à l'instant à Saint-Pétersbourg.

Mais Pahlen, après la terrible confidence qu'il avait faite à l'empereur, se tenait plus que jamais sur ses gardes ; il fit arrêter le courrier impérial, saisit la missive qu'il portait à Araktchéjef, et la lut aussitôt aux conjurés, en leur démontrant que l'arrivée de ce général anéantirait le complot, et, après ce qu'il en avait dit à l'empereur, mettrait certainement tous les conspirateurs sous sa main. Il proposa donc d'agir avant l'arrivée du nouveau gouverneur, et d'un commun accord on fixa, séance tenante, l'exécution du projet à la nuit du 23 au 24 mars 1801. Pahlen fit ensuite partir le courrier porteur de la lettre impériale pour Araktchéjef, qui ne pouvait plus, quelque diligence qu'il fît, se trouver à Saint-Pétersbourg avant l'époque qui venait d'être choisie.

III.

L'empereur habitait alors le palais Saint-Michel. C'était une vaste et lourde construction qu'il avait fait élever par l'architecte Brenna, vers la fin de l'année 1797, au fond du jardin d'été, sur la rive droite du canal Fontanka. Brenna avait mis trois ans à construire cette immense bâtisse, qui était devenue, sur les indications du craintif Paul, beaucoup plutôt une forteresse qu'un palais. Quand il s'agit d'indiquer de quelle couleur on peindrait la façade, l'empereur, qui était alors chez sa maîtresse, la princesse Gagarine, décida que le palais nouveau serait de couleur rose tendre, parce que c'était celle des gants que portait ce jour-là cette belle personne.

Ce fut seulement vers la fin de 1800 que l'empereur vint s'installer avec toute sa famille dans le palais nouvellement édifié. Il y occupait un petit appartement assez luxueusement meublé, et qui se composait d'un salon, d'une chambre à coucher, d'un cabinet de toilette et d'une cuisine où, dans les derniers temps de sa vie, une cuisinière anglaise lui préparait ses repas, tellement Paul redoutait de mourir empoisonné. Sa chambre à coucher communiquait avec les appartements de l'impératrice par une porte cachée donnant sur son cabinet de toilette ; mais quelque temps avant l'événement du 23 mars, Paul, en froid avec sa femme, avait eu la malheureuse et fatale idée de faire condamner cette porte.

Le 23 mars 1801 au matin, l'empereur fit à cheval, dans la ville, sa promenade habituelle, avec son grand écuyer le comte Koutaïsof. Comme il revenait au palais, un homme du peuple s'approcha de lui et lui tendit un billet cacheté. Pensant que c'était une supplique, Paul remit le billet au comte Koutaïsof, ainsi qu'il faisait pour les pétitions de ce genre qui lui étaient journellement présentées pendant sa promenade. Ce billet, que le comte n'ouvrit malheureusement que le lendemain, donnait à l'empereur le détail du complot, le nom des conjurés, et l'avertissait que le soir même il devait être enlevé de son palais. Ce curieux billet était signé : *Un conjuré qui a des remords.*

Ce jour-là, par une bizarrerie de son esprit si fantasque et si capricieux, Paul, qui reçut de plusieurs côtés des avis indirects du complot qui se tramait contre lui, ne voulut prendre aucune précaution, et sa défiance habituelle l'abandonna au moment même où elle aurait dû plus légitimement redoubler.

Le soir, il reçut à sa table plusieurs personnages, parmi lesquels se trouvait l'un des conjurés, le comte Valérien Zoubof. L'empereur fut gai, expansif, parla beaucoup de l'Angleterre, qu'il détestait, du général Bonaparte, pour lequel il éprouvait une grande et juste admiration, et il se moqua même des craintes que Palhen avait cherché à lui inspirer en lui révélant, disait-il, des complots imaginaires, craintes qu'il traita devant ses invités de ridicules et de chimériques.

Après le dîner, il alla retrouver, avec quelques officiers de sa suite, sa maîtresse, la belle princesse Gagarine, chez sa mère, la princesse Lapoukine, qui avait alors pour amant l'un de ceux qui prirent part à la conspiration, le général Ouwarof. Paul causa quelques instants avec ce général, qui se retira de bonne heure, sous le prétexte d'ordres à donner à la caserne du régiment des gardes à cheval, dont il était le commandant. Ouwarof allait en réalité rejoindre les conjurés chez le général Talitzin, où la plupart avaient soupé et avaient bu outre mesure les vins les plus capiteux, pour soutenir et ranimer tous les courages.

Un peu avant onze heures, au moment même où l'empereur venait de se mettre au lit, Talitzin, ayant sous ses ordres un bataillon des gardes Préobratschenskoï, commandé par un officier du nom de Talbanof, se rendit au jardin d'été, et alla se poster devant une des entrées du palais Saint-Michel.

Le palais était gardé ce soir-là par un détachement des gardes, sous les ordres du capitaine Marin, qui avait été rallié à la conspiration. Celui-ci harangua sa troupe, lui proposa une expédition dangereuse, mais où il s'agissait de sauver la patrie; il communiqua enfin son enthousiasme à ses soldats, et les deux troupes, celle qui devait défendre le palais et celle qui venait l'envahir, fraternisèrent en buvant de l'eau-de-vie, qui leur fut amplement prodiguée pour le succès de la bonne cause.

Ces deux détachements réunis traversèrent alors, sur la glace, les fossés du palais, désarmèrent et renvoyèrent les quelques sentinelles placées à l'intérieur, et, pénétrant dans le palais même, comme venant en relever les divers postes, après avoir donné le mot d'ordre qu'avait reçu et divulgué le capitaine Marin, elles favorisèrent ainsi l'entrée des principaux conjurés, placés au milieu de leurs rangs.

Il y avait parmi eux le général Benningsen, les trois frères Zoubof, le général Tchitchérin, et plusieurs autres personnages moins connus.

Un escalier secret conduisait à la chambre de l'empereur; en le prenant, les conjurés évitaient de rencontrer les officiers et les domestiques du palais, qui auraient pu donner l'alarme, et ils arrivèrent ainsi à la porte même des appartements particuliers, qui n'avaient pour toute garde, de ce côté-là, qu'un hussard, couché devant l'entrée de la chambre où reposait Paul.

Cet homme se réveilla, jeta les hauts cris, et courut dans le palais en appelant au secours. Mais la troupe du capitaine Marin l'arrêta au milieu de sa course et le retint prisonnier.

La chambre de l'empereur était assez grande; elle donnait par deux fenêtres sur la cour du palais; la porte d'entrée était en face de la cheminée, et au pied du lit se trouvait la porte dérobée qui conduisait aux appartements de l'impératrice. Enfin, entre le lit et la porte, il y avait dans le plancher une trappe qui communiquait avec un corridor secret, par lequel on pouvait, sans être vu, sortir facilement du palais. Cette trappe s'ouvrait par la pression du talon de la botte sur un bouton dissimulé dans la boiserie, et peu de personnes connaissaient son existence.

Paul fut réveillé par le bruit qui se faisait à sa porte ; il se souleva sur son lit, et à ce moment cette porte s'ouvrit et donna passage au prince Platon Zoubof et au général Benningsen. Ils étaient tous deux en grand uniforme, le chapeau sur la tête et l'épée à la main :

« Sire, s'écrièrent-ils en s'approchant du lit, vous êtes arrêté ! »

L'empereur, encore mal éveillé, leur demanda ce qu'ils voulaient.

« Il faut vous lever, répondit Zoubof ; vous êtes notre prisonnier ! Voici un acte d'abdication tout préparé, vous allez le signer à l'instant ; il y va de votre vie ! »

Paul jeta des cris terribles, appelant à lui, et injuriant Zoubof et Benningsen, en leur disant qu'il les ferait mourir dans les plus affreux supplices.

Ceux-ci, craignant qu'on n'arrivât d'un autre côté, appelèrent et firent entrer la plupart des conjurés dans la chambre impériale, qui fut aussitôt remplie.

Paul se jeta alors à bas de son lit. Un des conjurés, le prince Tatteswill, qui avait contre lui une rancune toute personnelle, l'arrêta en le prenant par la gorge. L'empereur parvint à échapper à son étreinte, et voulut frapper et ouvrir la trappe secrète; mais comme il était nu-pieds, la pression ne fut pas assez forte et la porte résista. Il courut alors comme un fou dans la chambre, et, ne se souvenant pas qu'il avait, quelques jours auparavant, fait condamner la porte qui conduisait chez l'impératrice, il chercha vainement à l'ouvrir. Il revint enfin au milieu des conjurés, qui hésitaient encore sur le parti qu'ils devaient prendre, et, se réfugiant derrière un écran placé devant le poêle qui chauffait sa chambre, il étendit le bras pour saisir des pistolets qui étaient tout chargés sur une table.

Cette action de Paul décida de son sort; plusieurs conjurés se jetèrent sur lui, lui enlevèrent les pistolets, et, le renversant par terre malgré sa vigoureuse résistance et les cris lamentables qu'il poussait, l'un d'eux, Nicolas Zoubof, aidé du Tartare Yeschwell, lui passa autour du cou l'écharpe de l'un des officiers présents. Après dix minutes d'efforts inutiles, d'imprécations terribles et de cris étouffés, Paul rendit le dernier soupir.

Alors seulement Pahlen parut dans la chambre de l'empereur, après avoir longtemps gardé les portes du palais. Il ne faut donc pas dire, comme je l'ai lu dans beaucoup de récits, qu'il fut l'un des assassins de Paul. Il conçut et organisa le complot, mais il n'en fut pas l'exécuteur dans sa partie sanglante, et la vue de l'empereur mort lui causa même une douloureuse surprise.

Il paraît d'ailleurs certain que la vie de Pau eût été épargnée si, en présence de Zoubof et de Benningsen, entrés seuls dans sa chambre, il eût tout d'abord signé son abdication. On se fût assuré de sa personne (1), on l'eût emprisonné, puis exilé peut-être; mais jamais Alexandre n'aurait

(1) Les conjurés avaient amené à la porte du palais une voiture destinée à conduire Paul, vivant, à la forteresse du château. C'est dans cette même voiture que, quelques heures après le crime, le prince Alexandre se rendit au palais d'hiver.

souffert qu'on l'assassinât. Quand, une demi-heure après l'événement, le comte Valérien Zoubof alla lui porter la nouvelle de la mort du czar, Alexandre en éprouva une douleur immense, et resta pendant plusieurs heures enfermé seul dans sa chambre, en proie au plus violent chagrin.

L'impératrice Marie, la deuxième femme de l'empereur (1), avec laquelle il ne vivait pas alors en bonne intelligence, montra de même un désespoir très-vrai et très-grand. Elle eut toutes les peines du monde à parvenir jusqu'à la chambre où gisait le malheureux czar. Benningsen, qui avait pris le commandement du palais, ne l'y laissa pénétrer que longtemps après l'attentat, malgré ses ordres et même ses prières.

Paul avait été, aussitôt après sa mort, revêtu de son uniforme, et étendu sur un lit de camp dans la

(1) Paul s'était marié deux fois. Sa première femme, la princesse de Hesse-Darmstadt, mourut en couches en 1776, et ne lui laissa pas d'enfants. A la fin de la même année, il épousa une princesse de Wurtemberg, morte seulement en 1828. Il eut d'elle quatre fils et six filles. Les quatre fils furent Alexandre, Constantin, qui renonça au trône, Nicolas, qui régna jusqu'en 1855, et Michel, mort en 1849. L'une de ses filles a été reine de Wurtemberg, une autre reine de Hollande.

chambre où on l'avait tué. L'impératrice s'approcha du cadavre; elle eut le courage de soulever les vêtements qui le recouvraient; et comme, malgré tout ce qu'on lui avait dit sur les causes de la mort imprévue et subite de l'empereur, elle en avait pressenti la véritable raison, elle écarta le col de son habit, aperçut à son cou la trace ineffaçable du crime, et tomba évanouie au pied du lit. Pendant quelques jours elle ne voulut voir personne; puis, la veille des funérailles de l'empereur elle fit venir ses deux fils aînés dans la chapelle du palais Michel, elle les fit agenouiller devant elle, et là, leurs mains dans les siennes, posées sur les livres saints, elle exigea d'eux le serment que non-seulement ils n'avaient pas été complices du crime, mais que même ils en avaient toujours ignoré le projet. Ils le jurèrent :

« C'est bien, mes fils, dit-elle, je vous aime et je vous estime encore! »

Le lendemain de l'assassinat, 24 mars au matin, on lut à Saint-Pétersbourg, au bruit du tambour et aux acclamations de la foule, une déclaration de l'empereur Alexandre au peuple russe, annonçant que le czar Paul étant mort dans la nuit d'une attaque d'apoplexie, selon l'ordre de succession au trône, le grand-duc, son fils aîné, le remplaçait sous le nom d'Alexandre Ier.

Le jour même, dans l'après-midi, le nouveau souverain reçut au palais d'hiver le serment de fidélité des corps constitués, des troupes et des fonctionnaires de l'État. Le soir, quand il se montra au balcon, Alexandre fut accueilli par d'unanimes acclamations.

Suivant l'usage, le cadavre de l'empereur défunt, après avoir été embaumé, fut exposé publiquement sur un lit de parade, revêtu de l'uniforme de la garde et le chapeau sur la tête. Comme, dans la lutte qui avait précédé sa mort, l'infortuné czar avait reçu sur la main droite plusieurs coups de sabre dont la trace sanglante n'avait pu disparaître, on la couvrit d'un gant, contrairement aux habitudes observées pour l'exposition des empereurs. La figure avait conservé à peu près sa physionomie; mais un médecin anglais, le docteur Wylie, placé près du cadavre, mettait d'heure en heure, sur les joues et le front du mort, du fard et des poudres, pour cacher les traces du crime, qui reparaissaient sans cesse.

Toute la cour, l'empereur en tête, vint plusieurs fois défiler et prier devant le catafalque. Le peuple, qui aime toujours ces sortes de spectacles, se porta en foule, pour voir une fois encore cet homme bizarre et maniaque qui en quatre ans avait rendu son règne et son nom si odieux, qu'il ne se trouva pas dans tout l'empire un seul homme qui pleurât sincèrement sa perte.

Le 9 avril, cette même foule se pressa encore au convoi funèbre de l'empereur, qui était conduit par ses fils, et suivi par ses assassins et par leurs complices. On déposa le cercueil de la victime dans le caveau de la forteresse, auprès du tombeau de Pierre III, son triste père, auquel il avait tant ressemblé, dans sa vie comme dans sa mort!

MALADIE, MORT

ET FUNÉRAILLES

DU ROI LOUIS XV (1)

I

Le mardi 26 avril 1774, le roi, déjà mal disposé, se rendit à Trianon avec la comtesse Du Barry pour assister à une chasse qu'il avait commandée pour le lendemain.

(1) Cette relation a été rédigée d'après les notes du baron de Besenval, le mémoire, malheureusement incomplet, du duc de La Rochefoucauld-Liancourt, et quelques autres écrits plus sérieux, destinés à contrôler les assertions, parfois hasardées, de ces deux chroniqueurs de cour. Je supprime ici quelques détails un peu trop libres, que les curieux retrouveront dans la première édition que j'ai publiée de ce trop véridique récit.

Le mercredi 27 au matin, le roi se sentit incommodé de douleurs de tête, de frissons et de courbatures. Il ne voulut pas cependant que la chasse fût contremandée, et même, espérant que l'exercice pourrait lui être salutaire, il désira y assister. Il partit en voiture ; mais, n'éprouvant aucun mieux, il ne put monter à cheval, resta dans son carrosse, et revint à Trianon vers cinq heures et demie, en se plaignant de plus en plus de violents maux de tête.

Mais le roi s'obstina à ne pas se croire malade, et, refusant de voir ses médecins, il s'enferma dans les appartements de Mme Du Barry, où il prit plusieurs lavements, pensant que son malaise provenait d'une simple indigestion. Pendant la nuit, comme il allait plus mal, on fit chercher au plus vite Lemonnier, son premier médecin. Celui-ci trouva de la fièvre, mais ne parut pas inquiet. Mme Du Barry fut plus rassurée, et elle résolut, de concert avec le duc d'Aumont, premier gentilhomme de la chambre, de garder le roi à Trianon jusqu'à sa guérison, sans faire prévenir la famille royale, qui était restée à Versailles. La favorite passait, par ce moyen, plus de temps seule auprès de son royal amant, et surtout elle satisfaisait son aversion contre le Dauphin, la Dauphine et Mesdames filles du roi, qu'elle compromettait en les tenant éloignés de Louis XV. Toutefois, elle fit part du parti qu'elle avait pris au premier ministre, le duc d'Aiguillon, sa créature, qui accourut aussitôt.

Cependant, malgré les précautions prises, l'état du roi fut bien vite connu à Versailles. La famille royale n'osa point venir sans être appelée; mais le Dauphin, qui voulait voir le roi quitter Trianon pour se faire soigner à Versailles, lui dépêcha son premier chirurgien, La Martinière, qui avait beaucoup d'influence sur Sa Majesté, et qui, de plus, jouissait auprès d'elle d'une grande liberté de paroles et d'allures.

La Martinière n'aimait pas Mme Du Barry, et il n'avait pas, d'ailleurs, les mêmes intérêts que Lemonnier pour ménager la favorite. C'était un honnête homme, brusque mais ferme, et qui résolut de forcer le roi à partir.

Il arriva à Trianon dans la journée du 28 avril.

Il vit aussitôt le roi, et, malgré sa résolution de ne pas quitter cette résidence, il lui conseilla fortement de revenir à Versailles.

Louis XV, qui n'avait jamais eu dans sa vie que

la volonté des autres, se laissait presque toujours persuader par celui qui lui parlait le dernier. Il écouta son médecin, et, malgré les cris et les plaintes de Mme Du Barry, il décida qu'on partirait pour Versailles dès que les carrosses seraient arrivés. La Martinière commanda lui-même qu'on les apprêtât, et il veilla de sa personne à l'exécution de cet ordre.

En même temps, vers quatre heures, un peu avant le départ, il obligea le roi à recevoir les quelques seigneurs de sa cour que le duc d'Aumont avait tenus éloignés de la chambre royale. MM. de Boisgelin, le prince de Condé, M. de Beauveau, etc., furent successivement introduits, et trouvèrent le roi très-affaissé, très-inquiet, très-plaignant; mais ils jugèrent cependant son état moins grave et douloureux qu'il ne le disait, parce qu'ils connaissaient bien la poltronnerie de son caractère, si facile à s'alarmer quand il s'agissait de lui-même.

A ce moment, les voitures étant prêtes, le roi fut porté dans la sienne en robe de chambre, emmaillotté de toutes façons, et on dut aller au pas de Trianon à Versailles. Il se mit au lit aussitôt qu'il fut arrivé, et reçut la famille royale, mais pendant un instant seulement ; en le congédiant, il dit au Dauphin de ne revenir que quand il le ferait appeler. Puis il passa avec Mme Du Barry le reste de la soirée.

La nuit fut mauvaise, la fièvre augmenta, et les douleurs de tête devinrent plus fortes. Le roi ne dormit pas et eut même quelques hallucinations. Comme il était très-peureux, la crainte, non de la mort, qu'il ne voulait certes pas prévoir, mais d'une maladie un peu longue, le préoccupait excessivement.

II

Ce jour-là, vendredi 29 avril au matin, Lemonnier et La Martinière entrèrent en conférence, et ils décidèrent qu'il fallait saigner le roi. Ils demandèrent ensuite à Sa Majesté de leur adjoindre d'autres médecins, pour ouvrir une consultation permanente. Le roi, conseillé par Mme Du Barry, fit indiquer Lorry et Bordeu, médecins de la courtisane et du duc d'Aiguillon. De son côté, Lemonnier demanda l'adjonction de Lassonne, médecin de la Dauphine.

Cependant, la nouvelle que l'on allait saigner le roi s'étant promptement répandue, tous les courtisans accoururent. L'antichambre en fut bientôt remplie, car chacun attendait avec anxiété le résultat de la saignée. Elle ne produisit pas l'effet qu'on en espérait. La fièvre persistait; on pouvait dès lors croire à l'approche d'une sérieuse maladie. Le duc d'Aiguillon et la favorite ne voulaient pas ajouter foi à ce bruit, car leur crédit tenait à la santé du souverain. Ils reculèrent autant que possible les entrées dans la chambre de Sa Majesté, dans l'espoir de se ménager ainsi sa garde exclusive.

Mais vers midi, les médecins appelés pour la consultation étant arrivés, une partie de ceux qui avaient leurs entrées pénétra avec eux dans la chambre du royal malade. Louis XV, inquiet, interrogeait successivement ses docteurs, leur donnait à tour de rôle son pouls à tâter, parlait remède et médecine, et, tâchant de s'illusionner lui-même, il leur demandait presque de ne point l'effrayer en lui disant trop crûment la vérité sur sa position. Ceux-ci, ne connaissant pas encore la véritable maladie, n'osaient trop se prononcer. Ils parlèrent de faire une deuxième saignée dans l'après-midi, et une troisième pendant la nuit ou le lendemain dans la journée, si la seconde ne débarrassait pas le malade de son mal de tête.

Cette nouvelle effraya le roi plus que tout le reste :

« Une troisième saignée ! disait-il, mais c'est donc une maladie ? Je voudrais bien que l'on pût se dispenser de me la faire ! »

Donc pour le roi la troisième saignée c'était la preuve, la certitude d'une véritable et longue maladie. Pour les ennemis de la Du Barry, elle était peut-être le signal d'un repentir, d'un retour au calme et même à Dieu, en un mot de l'expulsion de la favorite.

D'autre part, le parti d'Aiguillon voyait sa ruine dans l'effroi trop exagéré du roi. La Du Barry partie, d'Aiguillon tombait ; aussi elle et lui, aidés des ducs d'Aumont et de Richelieu, parvinrent-ils à circonvenir Lorry et Bordeu, et ils obtinrent qu'il ne serait plus question de cette troisième saignée On décida seulement que la seconde serait faite plus abondamment, de manière à pouvoir tenir en partie lieu d'une troisième. En conséquence, on tira au roi la valeur de quatre grandes palettes de sang.

Mais cette seconde saignée ne produisit pas plus d'effet que la première. La fièvre était toujours très-forte, le mal de tête persistant, et le roi très-abattu. Néanmoins, vers cinq heures, il envoya chercher ses enfants et les garda pendant une demi-heure autour de son lit, mais sans leur dire une seule parole. La soirée ne fut pas bonne ; la fièvre augmenta encore, et le roi fut plus effrayé que jamais. M. d'Aumont voulut en ce moment amener Mme Du Barry auprès du lit de son royal amant, mais les grands officiers et les médecins s'y opposèrent énergiquement, et il y eut même une scène assez vive entre eux et lui ; il fut obligé de céder, et la favorite, furieuse, s'en alla narrer ses mécomptes au duc d'Aiguillon, aussi inquiet et contrarié qu'elle, et redoutant pour leur position à tous deux l'influence que leurs ennemis n'allaient pas manquer de prendre sur l'esprit affaibli du roi.

III

Cependant le roi était gisant dans son lit, n'ayant nul désir de voir celle que M. d'Aumont avait tant à cœur de lui amener, et n'ouvrant la bouche, dans l'état d'affaissement où il était, que pour geindre et parler de lui à la Faculté. Il était entouré d'une quantité considérable de médecins; tout autre en eût été incommodé et même effrayé. Mais le roi n'en jugeait pas ainsi; et, outre que l'habitude l'empêchait de s'apercevoir de cette importunité, l'inquiétude et la peur la lui rendaient précieuse.

La Faculté était composée de six médecins, cinq chirurgiens, trois apothicaires; il aurait voulu en voir augmenter le nombre. Il se faisait tâter le pouls six fois par heure par les quatorze; et quand cette nombreuse Faculté n'était pas dans la chambre, il appelait ce qui en manquait pour en être sans cesse environné, comme s'il eût espéré qu'avec de tels satellites la maladie n'oserait pas arriver jusqu'à Sa

Majesté. Lemonnier lui ayant dit qu'il était nécessaire qu'il fît voir sa langue, et le lit n'étant ouvert que de façon à laisser approcher à la fois l'un d'eux, il la tira d'un pied, appuyant ses deux mains sur ses yeux, que la lumière incommodait, et la laissa tirée plus de six minutes, ne la retirant que pour dire, après l'examen de Lemonnier : « A vous, Lassonne ; » et puis : « A vous, Bordeu ; » et puis : « A vous, Lorry, etc., » enfin jusqu'à ce qu'il eût appelé l'un après l'autre tous ses docteurs, qui témoignaient chacun à leur manière la satisfaction qu'ils avaient de la beauté et de la couleur de ce précieux et royal morceau. Il en fut de même, un moment après, pour son ventre, qu'il fallut tâter ; et il fit défiler chaque médecin, chaque chirurgien, chaque apothicaire, se soumettant avec joie à la visite, et les appelant l'un après l'autre et par ordre.

Mais ces visites se faisaient en prenant bien garde que le roi ne vît la lumière qui l'avait déjà incommodé, et dont il s'était plaint une fois. On mettait la main devant, et on ne laissait arriver les rayons que sur la partie qu'on voulait éclairer. Un garçon de la chambre avait été chargé de ce soin ; son attention n'était jamais en défaut. Il la poussait même plus loin que l'exactitude, ce qui fut cause d'une scène qui eût été très-divertissante dans un tout autre moment. Il fut question de donner un lavement au roi. On le traîna à grand'peine sur le bord de son lit, et là on le posta dans l'attitude convenable à la circonstance.

La Faculté, rangée autour du lit, fit place, en se mettant en haie, au maître apothicaire, qui arrivait la canule à la main, suivi d'un garçon apothicaire qui portait respectueusement le corps de la seringue, et du garçon de la chambre, tenant la lumière destinée naturellement à éclairer la scène. M. Forgeot (c'est le nom du maître apothicaire), placé avantageusement, allait poser et mettre en place la canule, quand tout à coup le garçon de la chambre, voyant que la lumière qu'il porte donne en plein sur le derrière royal, et imaginant apparemment que son effet peut être dangereux pour la santé ou au moins la commodité de Sa Majesté, arrache avec précipitation de dessous le bras d'un médecin un chapeau, et le place entre la bougie et le lieu où M. Forgeot dirigeait toute son attention. On peut se faire une idée de la colère méprisante de l'apothicaire, à qui cette éclipse avait fait manquer son coup, l'étonnement des médecins, l'indignation du petit garçon apothicaire, et l'envie de rire de la partie de l'assemblée heureusement placée pour être témoin de cette scène (1).

Malgré cette affluence de médecins, de médecines, de soins et de consultations, le roi n'en allait que plus mal. Son accablement continuel et les autres accidents faisaient craindre une fièvre maligne. La Faculté commençait à manifester son inquiétude; Bordeu et Lorry avaient bien vite prévenu la Du Barry et le duc d'Aiguillon que le roi allait être sérieusement malade; ceux-ci n'en voulaient rien croire encore, et attribuaient aux menées du parti Choiseul le bruit trop précipité d'une véritable maladie.

A Versailles, comme à Paris, l'inquiétude avait gagné tous ceux qui tenaient de près ou de loin à la faveur de la Du Barry. Les amis du duc de Choiseul, au contraire, reprenaient espoir et courage. Quant au peuple, Louis XV n'était plus pour lui, depuis bien longtemps, *Louis le bien aimé*, et au

(1) Ce grotesque récit est, à peu près textuellement, emprunté à la relation du duc de Liancourt.

lieu des prières et des gémissements que sa maladie de Metz, en 1744, avait fait naître et éclater de toutes parts avec une si complète spontanéité, on n'entendit partout que des quolibets et des chansons.

Le samedi 30 avril, à dix heures du soir, le roi fut porté de son grand lit dans un petit pour la commodité du service. Ses douleurs augmentaient toujours, il était plus lourd et en même temps plus affaibli que jamais. Les médecins, fort inquiets, n'osaient pas se prononcer ; ils ne parlaient qu'entre eux et restaient indécis sur le caractère exact de la maladie. Ce soir-là, après souper, la famille royale était revenue vers le roi, et désirait passer une partie de la nuit dans la chambre qui précédait celle de Sa Majesté.

Tout à coup un des médecins ayant par hasard approché plus près du visage du roi la lumière, qu'on en tenait toujours éloignée, éclaira son front et ses joues, où l'on aperçut des rougeurs. A la vue de ces rougeurs, qui étaient déjà des boutons élevés sur la peau, les médecins se regardèrent entre eux avec un commun accord et un étonnement qui fut l'aveu de leur ignorance. Aucun d'eux, même en tâtant le pouls du roi, ne s'était douté que la maladie pût être la petite vérole.

IV

On explique diversement les causes de la maladie qui, en si peu de jours, a enlevé Louis XV. Voltaire se borne à dire, dans son *Siècle de Louis XV*, que le roi, déjà frappé par la mort foudroyante qui avait emporté devant lui, un soir pendant le jeu, l'un de ses compagnons de débauche, le marquis de Chauvelin, était devenu, depuis ce jour fatal, très-sombre et très-impressionnable. A une chasse dans les environs de Versailles, un convoi aurait arrêté la marche du cortége royal : le roi se serait alors approché, et aurait appris qu'on conduisait à sa dernière demeure une jeune fille morte de la petite vérole. Sa Majesté, qui n'avait jamais été vaccinée, fut atteinte aussitôt de la maladie qui avait enlevé la jeune fille.

Une autre version, la plus accréditée, semble

beaucoup plus naturelle et plus vraisemblable, eu égard aux mœurs licencieuses du monarque :

Le roi était en effet fort triste; son plus grand mal était l'ennui. Blasé de tout et sur tout, le monarque passait sa vie à la chasse, qui ne l'amusait qu'à moitié, ou dans le boudoir de sa maîtresse, dont les saillies indécentes n'avaient même plus le pouvoir de le distraire. La favorite s'en aperçut bien vite, et comme il lui importait de conserver son crédit, elle ne marchanda point avec les moyens. Un jour, à la chasse, près de Versailles, le roi avait rencontré la fille d'un menuisier ou d'un meunier, âgée d'environ quatorze ans. Elle était jolie, et Louis XV ne cacha pas le plaisir que sa vue lui inspirait. La Du Barry, l'ayant appris, dépêcha Lebel, pourvoyeur des libertinages de Sa Majesté, auprès des parents de la jeune fille, et, moyennant une somme raisonnable, il amena celle-ci à Trianon, où le soir même elle eut les honneurs de la couche royale (1).

Or, la jeune fille couvait en ce moment le germe de la petite vérole, qu'elle communiqua aussitôt à son éphémère amant.

(1) Voyez la première édition de ce travail, pages 31 et 32.

Le roi avait donc la petite vérole. Les médecins, n'en doutant plus, parurent très-heureux d'être sortis d'incertitude, et ils allèrent dire à la famille royale qu'on savait enfin ce qu'était la maladie, que le roi était préparé à merveille, et que tout irait bien. Cette nouvelle fit fuir au plus vite le Dauphin, qui n'avait jamais eu la petite vérole, le comte de Provence, le comte d'Artois et les princesses leurs femmes. Seules, les trois filles du roi, Mesdames Adélaïde, Victoire et Sophie, bien qu'elles n'eussent jamais eu la maladie, persistèrent à rester auprès de leur père, pour lui donner tous leurs soins. D'ailleurs, la manière un peu légère et presque gaie dont les médecins avaient annoncé la cause du mal enfin découverte leur semblait une assurance de guérison. Elles répétèrent que le roi était bien préparé, citant cinq ou six exemples de gens de soixante-dix ans qui avaient eu la petite vérole sans en mourir, et elles se couchèrent, persuadées, ainsi que beaucoup de personnes de l'intérieur, que c'était l'affaire de huit à neuf jours et d'un peu de patience.

Mais Bordeu ne pensait pas de même. La maladie nouvelle allait en réveiller d'anciennes, peu avouables et mal soignées, qu'on avait cru guéries, et que d'ailleurs on avait toujours traitées légèrement et comme en plaisantant. Ce mal invétéré aggravait la situation. Aussi, le duc de Liancourt disant à ce médecin, en entendant les cris de joie de l'entourage :

« Écoutez ces messieurs, qui sont charmés parce que le roi a la petite vérole !

— Sandis, répondit Bordeu, c'est apparemment qu'ils héritent de lui ! La petite vérole à soixante-quatre ans, avec le corps du roi, c'est une terrible maladie !... »

L'événement justifia ses prévisions. L'espérance des autres médecins ne tarda pas non plus à s'évanouir, et ils passèrent tout à coup, avec tout le monde, de la plus grande sécurité à un presque découragement. Ils en vinrent jusqu'à trouver que l'état du roi était l'un des plus graves qu'ils eussent étudiés sur d'autres sujets, dans une semblable crise. En effet, l'affaiblissement du royal malade continuait ; il se plaignait de douleurs sourdes de tête, et l'agitation était excessive malgré son abattement. Il ne parlait pas, et avait les yeux fixes et hagards. La fièvre, qui était toujours très-considérable, augmentait fréquemment et par bouffées, et

Lemonnier, qui le veillait, en disant qu'il était comme il devait être, avait bien l'air de ne pas penser ce qu'il disait.

La nouvelle attitude des médecins terrifia le parti de la Du Barry. On essaya de faire approcher la favorite de Louis XV, pour ranimer son attention pour elle et prouver ainsi que sa faveur durait toujours. Mais Laborde, le valet de chambre de quartier, l'ayant conduite près de la couche royale, le monarque, soit accablement ou indifférence, montra peu d'empressement et de plaisir à voir sa maîtresse.

Le dimanche 1er mai, au matin, il y eut une nouvelle consultation, et, d'après l'état du roi et le compte qu'on leur rendit de la nuit, les médecins avaient opiné pour les vésicatoires ; ils avaient été mis, et l'effet produit avait été à peu près nul. Le duc d'Orléans, le prince de Condé, M. de Penthièvre, s'étaient déterminés à garder le roi et à s'enfermer avec lui. Le duc de Chartres s'était retiré pour rester avec le Dauphin, et le duc de Bourbon avait suivi son exemple.

La nuit du roi, qui avait été mauvaise, fut dite dans Versailles encore plus mauvaise qu'elle n'avait été réellement, et, hors M. d'Aiguillon, tout le monde croyait le roi à deux jours de sa mort. La joie était grande parmi les ennemis de sa maîtresse ; on la voyait chassée dans la journée ; on voyait tout le tripot dispersé, anéanti, écrasé, et chacun, se forgeant à son gré sa chimère la plus agréable, songeait déjà à la succession possible du ministre que la mort du roi devait renverser. Le Dauphin, triste et inquiet, s'était, ainsi que la Dauphine et ses frères, renfermé dans son plus petit intérieur, et à son service près, qu'il voyait seulement à l'heure de son lever et de son coucher, il vivait en famille ; il recevait aussi, à midi et demi, les princes qui ne voyaient pas le roi. Il allait avec une grande exactitude aux prières des quarante heures, qu'on avait ordonnées pour le salut du monarque. Il y faisait une digne contenance, et ne prenait part à aucun acte public ni à aucune cérémonie.

V

Cependant les ennemis de la favorite et de son parti, se souvenant que l'influence de l'évêque de Soissons avait fait chasser de la cour la duchesse de Châteauroux en 1744, résolurent d'employer le même moyen pour hâter l'expulsion de la Du Barry. On fit quelques tentatives auprès de l'archevêque de Paris, M. de Beaumont, jésuite exalté, mais homme de bien et estimé pour sa piété sincère. On lui représenta qu'il était de son devoir de venir offrir au roi les secours de la religion, et de faire cesser, par sa présence et par ses efforts, le scandale qui affligeait la cour. Le prélat, facile à persuader, annonça sa visite pour le lundi 2 mai.

A cette nouvelle, le parti d'Aiguillon et Du Barry chercha à parer l'attaque. On fit agir les médecins ; on intimida madame Adélaïde, fille du roi, en lui disant que la visite de l'archevêque allait être le coup de mort du monarque ; que la question de l'éternité était encore prématurée, et qu'il ne fallait point parler des sacrements. Enfin, il y eut conciliabule entre le maréchal duc de Richelieu, la favorite et ses amis, et il résulta de toute cette intrigue que le roi recevrait l'archevêque en présence du duc d'Orléans, mais que la visite serait de pure politesse, et qu'il ne serait pas question des sacrements.

Le 2 mai, à onze heures, l'archevêque arriva en effet pour la visite annoncée. Le duc de Richelieu le reçut dans la salle des gardes, le fit asseoir auprès de lui sur une banquette, et lui tint un discours des plus inconvenants. Il alla jusqu'à lui offrir de se confesser à la place du roi, lui disant que s'il était venu pour entendre l'aveu de péchés jolis et mignons, il était prêt à lui en dire de tels qu'il n'en avait pas ouï de pareils de toute sa vie. Il termina en priant le prélat de réfléchir que la chute de la Du Barry faisait rentrer au pouvoir le duc de Choiseul, qui était son plus cruel ennemi, et qu'enfin, la veille encore, la favorite lui avait dit :

« Que l'archevêque nous laisse en repos, et il aura sa calotte de cardinal ; je lui en réponds !... »

L'archevêque eut pendant ce discours une contenance assez embarrassée ; il ne savait trop que répondre, lorsque le duc d'Aumont vint le prévenir que le roi l'attendait. M. de Beaumont ne resta qu'un quart d'heure dans la chambre royale, ne parla point de confession, et s'en alla comme il était venu. Le roi, ravi, se croyant mieux, fit appeler aussitôt la Du Barry, dont il baisa les belles mains en pleurant de joie.

Le parti Aiguillon respira et leva haut la tête une fois encore ; mais son triomphe fut de courte durée. N'ayant pu obtenir de l'archevêque de Paris au moins le conseil de renvoyer la favorite, ses ennemis cherchèrent d'un autre côté les moyens de son expulsion. On songea au cardinal de la Roche-Aimon, grand aumônier de France, chargé de la feuille des bénéfices, et qui, par une conduite souple, cauteleuse et prudente, s'était élevé aux premières dignités de l'Église, sans se compromettre vis-à-vis de personne. Bien qu'il parût dévoué à la Du Barry et à son parti, les évêques, sondés et persuadés par le parti opposé, allèrent le trouver et lui représentèrent avec fermeté qu'il était de son droit et de son devoir d'obtenir du roi la rétractation de ses fautes, le renvoi de sa favorite et l'accomplissement de ses devoirs religieux.

Très-perplexe, ne voulant se brouiller avec personne, le fin cardinal chercha à contenter tout le monde. Il répondit aux évêques qu'après la décision des médecins, il ne pouvait trop ouvertement proposer les sacrements, mais qu'il veillerait à saisir la première occasion favorable. Depuis cet instant, lorsqu'il allait chez le roi, ce qui lui arrivait plusieurs fois par jour, il avait soin de lui parler souvent à voix basse, de façon que personne ne pût l'entendre. Par ce moyen, il se procurait la facilité de donner, dans ses propos, la version qui convenait à chacun.

VI

Le roi allait de plus en plus mal ; mais, par prudence aussi bien que par intérêt et par raison d'État, les médecins ne publiaient que des bulletins de santé relativement satisfaisants. Cependant le bulletin qui fut affiché le 3 mai au matin annonçait que, dans la nuit, le roi avait eu le délire. M. d'Aiguillon, furieux, vint trouver les médecins, et leur fit une scène dont le bruit arriva jusqu'à Louis XV.

Celui-ci ayant demandé la cause des récriminations du ministre, on n'osa la lui dire, et, comme d'habitude, le duc se présenta chez le roi sans qu'il en fût reparlé. Le vieux monarque lui demanda des nouvelles de sa maîtresse dans les termes les plus tendres et même les plus légers ; il voulait la revoir, et il fut décidé que le soir même la comtesse lui serait amenée par Laborde.

Dans la journée, l'archevêque et le cardinal visitèrent successivement le roi, et ils eurent ensuite une conférence assez longue, après laquelle il fut arrêté que l'archevêque viendrait à Versailles s'établir dans la maison des Lazaristes, et qu'il chercherait toutes les occasions pour se rapprocher le plus possible de Louis XV, afin de l'amener à l'expulsion de la Du Barry et ensuite aux sacrements.

Le soir, comme il avait été convenu, Laborde introduisit la Du Barry chez le roi. Il était très-abattu ; entouré de ses médecins, dont l'un lui tâtait le pouls, il interrogeait avec anxiété La Martinière, qui ne répondait que par quelques hochements de tête tristement significatifs. Se tournant alors vers sa maîtresse, le roi la fit approcher tout à fait auprès de lui :

« Madame, lui dit-il à voix basse, je suis fort mal ; jè sais ce que j'ai à faire. Je ne veux pas que la scène de Metz recommence. Allez à Rueil, chez le duc d'Aiguillon, attendez-y mes ordres, et soyez toujours assurée de mon affection. »

On peut juger de l'effet produit par ce discours sur la courtisane, qui s'attendait à un plus tendre accueil. Son trouble, en quittant la chambre royale, en apprit beaucoup plus aux courtisans groupés sur son passage, que les propos mêmes du roi, diversement répétés. Le bruit de son renvoi se répandit au plus vite, mais chacun, selon son ambition, le craignait ou le désirait tant, que personne n'en voulut d'abord rien croire.

Le lendemain mardi, 5 mai, vers trois heures de l'après-midi, la comtesse Du Barry monta en voiture avec la duchesse d'Aiguillon, et quitta la cour. La joie que causa son départ à la faction opposée fut pourtant diminuée, quand on sut que la maîtresse en titre ne se rendait qu'à Rueil, à deux lieues de Versailles. Si le roi allait mieux, d'Aiguillon pouvait en une heure ramener la favorite, et le peu de distance de son éloignement devint pour ses ennemis un nouveau sujet d'inquiétude et de chagrin. En effet, puisque la courtisane était éloignée, rien n'empêchait d'administrer au roi les sacrements, sans qu'il fût question d'elle, et son renvoi en un lieu aussi proche pouvait n'être que momentané. On n'avait donc rien gagné à son départ, et on dut commencer à croire que sa chute définitive n'aurait lieu qu'à la mort du roi.

De leur côté, les médecins n'osèrent plus cacher que l'état du roi était presque désespéré, qu'ils ne le soutenaient qu'à force d'art et de remèdes, dont les effets étaient bien légers et ne produisaient aucune amélioration sensible. Bordeu alla jusqu'à déclarer que le roi n'avait pas sa tête.

Le bon sens, cependant, lui revenait par intervalle, car, dans la nuit du 5 au 6 mai, ayant bien conscience de ce qu'il avait dit à la Du Barry, il demanda l'abbé Mondou, son confesseur, honnête ecclésiastique qu'on lui avait imposé parce qu'on le savait sans influence, et que, d'ailleurs, son état physique empêchait presque qu'il en prît jamais, car le digne abbé était aveugle.

Le gentilhomme de service, M. de Duras, ennemi du duc d'Aiguillon, s'empressa d'obéir, et l'abbé Mondou fut aussitôt par lui conduit près du monarque. Ils restèrent près d'une heure en tête-à-tête, et lorsque le service rentra dans sa chambre, le roi déclara qu'il voulait recevoir les sacrements le lendemain. Puis il donna ordre qu'on fît venir le duc d'Aiguillon.

Il lui confia que son confesseur avait déclaré qu'il ne lui donnerait pas l'absolution tant que sa maîtresse serait aussi près de lui, et il lui ordonna d'aller dire de sa part à Mme Du Barry de se retirer à Chinon, chez le duc de Richelieu.

M. d'Aiguillon, sentant que l'éloignement définitif lui faisait perdre à jamais la partie, répondit au roi qu'il s'arrangerait pour que l'absolution et la communion lui fussent données, bien que la comtesse restât encore à Rueil. Et, en effet, il parvint à circonvenir le cardinal, et l'abbé Mondou rentra chez le roi et fit tout ce qu'on attendait de lui.

Le vendredi 6, à six heures du matin, le roi reçut la communion des mains du cardinal, en présence de la cour et de ceux des membres de la famille royale qui n'avaient rien à redouter ou ne voulaient rien redouter de la maladie. Quand Louis XV eut communié, le cardinal, se tournant vers l'assistance, prononça très-haut la formule de repentir concertée entre l'archevêque, les évêques et le confesseur :

« *Quoique le roi ne doive compte de sa conduite qu'à Dieu seul, il déclare qu'il se repent d'avoir causé du scandale à ses sujets, et qu'il ne désire vivre encore que pour le soutien de la religion et pour le bonheur de son peuple.* »

Sur quoi, le maréchal de Richelieu, d'une voix assez haute pour être entendue de tout le monde, gratifia le cardinal de l'épithète de jean f.....

VII

Dès cet instant, les intrigues cessèrent ; on ne pouvait plus rien attendre, selon les intérêts des uns et des autres, que de la mort ou du rétablissement du roi, dont, d'ailleurs, l'état empirait d'heure en heure. On se parlait à l'oreille de pourpre et de gangrène, et le corps du monarque s'en allait littéralement en lambeaux. L'infection dans sa chambre était affreuse ; un valet mourut asphyxié, et plusieurs personnes se trouvèrent mal. D'autres gagnèrent la maladie, et les princesses filles du roi en furent les premières atteintes. La journée du lundi 9 mai fut horrible ; Louis XV la passa tout entière dans le délire le plus ardent ; il voyait devant lui les flammes vengeresses de l'enfer ; il appelait tour à tour Dieu et son confesseur ; il repoussa plusieurs fois de son lit ses draps et ses couvertures, et, demandant de l'eau bénite, il s'en jetait partout le corps. On voyait alors à travers la chair crevassée les os de ses cuisses, et l'on se demandait, si la maladie n'emportait le malade au plus vite, qui pourrait jamais le soigner plus longtemps.

La nuit fut plus calme, mais le mardi 10 mai l'agonie commença, plus terrible encore que la veille. Vers une heure, cependant, le roi cessa de crier : il s'affaissa, respira plus lentement ; ses mains purulentes s'étendirent et se raidirent ; ses yeux restèrent fixes et sans mouvement ; à deux heures, il était mort (1).

(1) Né le 15 février 1710, il avait soixante-quatre ans. Il était fils du duc de Bourgogne, petit-fils de Louis XIV et de Marie-Adélaïde de Savoie. Son père, devenu Dauphin le 14 avril 1711,

Aussitôt tout le monde s'enfuit, à l'exception de ceux que les devoirs de leurs charges retenaient absolument au palais. On se dépêcha d'entourer le corps du roi de grands linges aromatisés, et on l'enferma dans deux cercueils de plomb, remplis de son, mais sans pouvoir songer à l'embaumer. Une chapelle ardente fut édifiée à la hâte, et quelques prêtres y prièrent et y gardèrent cette royale pourriture jusqu'au jeudi 12 mai.

Le soir de ce jour, à huit heures, on mit le cercueil du roi dans un carrosse; deux autres voitures, contenant les ducs d'Ayen et d'Aumont, le cardinal grand aumônier et le curé de Versailles, suivirent le convoi. Le cortége était fermé par une vingtaine de pages et une cinquantaine de palefreniers à cheval, portant des torches. On avait été si pressé de tout terminer, qu'on n'avait pas eu le temps de draper les équipages, ni de faire prendre le deuil à la livrée. Une foule immense bordait le chemin, et le funèbre convoi y passa au grand trot, au milieu

mourut à trente ans, le 18 février 1712; sa mère était morte six jours auparavant, enlevés tous deux, dit-on officiellement, par une rougeole épidémique. Louis XV régna cinquante-neuf ans; son bisaïeul Louis XIV en avait régné soixante-douze! Les deux plus longs règnes de la monarchie.

des brocards et des plaisanteries de tout ce peuple, unanime à flétrir la mémoire du feu roi.

On arriva à onze heures à la basilique royale de Saint-Denis, où un très-court service fut dit pour le repos de l'âme de Louis XV. Puis, le cercueil fut descendu dans le caveau provisoire, où chaque roi mort attendait son successeur, pour prendre alors sa place définitive au milieu des princes ses ancêtres (1).

(1) Les funérailles de Louis XIV avaient dejà offert le même spectacle.

Elles avaient eu lieu le 9 septembre 1715, le soir, à sept heures. Le char funèbre avait traversé aussi un flot de peuple moqueur et qui célébrait la mort de son roi comme un bienfait du ciel. On avait dû, pour protéger le cercueil contre les insultes des Parisiens, éviter de faire passer par la grande ville le lugubre cortége, qui fut dirigé aussi secrètement que possible vers Saint-Denis.

Il était dix heures quand le corps de Louis XIV y arriva, presque seul aussi, sans autre suite que celle que l'étiquette lui avait forcément donnée. Et avant que ces royales dépouilles eussent été descendues dans le caveau, qu'on pouvait croire leur dernière demeure, le peuple voulut briser le cercueil qui les contenait. Il fallut s'opposer par la force à cette profanation et supprimer, pour dérober plus vite ces tristes restes à la justice populaire, une partie du cérémonial préparé.

On termina à la hâte ces pénibles obsèques, et on plaça à l'entrée du caveau, où il devait attendre cinquante-neuf ans son successeur, le corps, déjà en pourriture, de celui qui avait pris le

La mort de Louis XV causa à Paris une joie que personne ne prit la peine de dissimuler. On publia sur la triste fin du monarque force vers, pamphlets et chansons.

Une longue complainte courut bien vite les carrefours ; on y énumérait l'indifférence, les vices et les honteuses passions de l'amant couronné de la Du Barry. Cette pièce se terminait par les quatre vers suivants :

> Ami des propos libertins,
> Buveur fameux, et roi célèbre
> Par la chasse et par les catins :
> Voilà ton oraison funèbre !

Les libelles les plus exaltés circulèrent librement, et la police parut même ne pas s'en inquiéter.

soleil pour emblème, et que pendant plus d'un demi-siècle on avait appelé le Grand Roi !

Comme le cœur et les entrailles de Louis XIV n'avaient point été placés dans son cercueil, on lut le lendemain, sur les portes du temple, écrit par une main qui résumait pour la postérité la sécheresse et l'égoïsme du mort de la veille, le distique suivant :

> A Saint-Denis, comme à Versailles,
> Il est sans cœur et sans entrailles !...

Enfin, un mot du curé de Sainte-Geneviève peignit mieux encore que tout le reste l'état des esprits et la qualité des regrets inspirés par la mort du monarque. Comme on le plaisantait sur l'inefficacité des prières dites, en présence de la châsse de la sainte patronne de Paris, pour le rétablissement du roi :

« De quoi vous plaignez-vous donc, messieurs ? répondit le malin curé ; Dieu ne vous a-t-il pas écoutés, puisqu'il vous en a débarrassés ? »

Quelques jours après la mort de Louis XV, et en présence de son petit-fils le duc de Berry, devenu le roi Louis XVI, on leva les scellés qui avaient été mis sur tous les meubles des appartements occupés par le feu roi à Versailles.

On trouva dans la chambre où le monarque était mort environ deux mille louis en or, et pour plus de vingt millions de divers effets en papier.

On ouvrit alors le testament du roi, qui datait de 1766. Louis XV, entre autres dispositions, témoignait le désir que ses funérailles fussent faites avec la plus grande simplicité ; il léguait en outre ses entrailles au chapitre de Notre-Dame de Paris. Il était trop tard pour se conformer à ces prescriptions ; et d'ailleurs l'état de putréfaction dans lequel le roi était mort aurait empêché l'accomplissement de ce dernier vœu.

Louis XV laissait deux cent mille francs de rente à chacune de ses filles, et un legs de cinq cent mille francs à chacun de ses enfants naturels. Comme il s'en présenta près de soixante, dont les droits durent être reconnus, c'est environ trente millions qui furent consacrés à cette seule disposition.

***

Le caveau de Saint-Denis ne devait pas être la dernière demeure de Louis XV.

En 1793, les cercueils de tous les princes et personnages inhumés dans la royale abbaye furent brutalement extraits de leur couche de pierre, et les restes qu'ils contenaient jetés pêle-mêle dans un lit de chaux destiné à consumer leurs moindres vestiges.

J'ai publié le curieux procès-verbal de cette extraction, et voici ce qu'on y peut lire sur l'état dans lequel furent retrouvés le cercueil et le cadavre de Louis XV.

« Le mercredi 16 octobre 1793, à onze heures du matin, au moment même où la reine Marie-Antoinette montait sur l'échafaud, on sortit de son caveau provisoire le cercueil de Louis XV.

« On ne l'ouvrit que dans le cimetière, sur le bord de la fosse. Le corps, bien enveloppé de linges et de bandelettes, paraissait tout entier et bien conservé ; mais, dégagé de tout ce qui l'entourait, il tomba aussitôt en putréfaction, et il en sortit une odeur si infecte, qu'il ne fut pas possible de rester présent : on brûla de la poudre, on tira plusieurs coups de fusil pour purifier l'air, et on jeta bien vite dans la fosse commune ces misérables restes sur un lit de chaux vive. »

LE

BAL MASQUÉ DU 16 MARS 1792

A STOCKHOLM

MORT DE GUSTAVE III

I

Au commencement de l'année 1771, le prince royal de Suède, Gustave (1), arriva à Paris pour y passer la fin de l'hiver; mais, sous le prétexte de se livrer à tous les plaisirs qu'offrait alors à un homme de son rang et de son

(1) Né le 24 janvier 1746, il était fils d'Adolphe Frédéric, évêque de Lubeck, duc de Holstein, que la Russie fit élire roi de Suède le 4 juillet 1743, avant de conclure la paix d'Abo.

Par sa mère, Louise Ulrique, princesse de Prusse, il était neveu du grand Frédéric.

âge la cour licencieuse de la Du Barry et de Louis XV, le jeune héritier du trône de Gustave-Adolphe et de Charles XII était venu en réalité pour obtenir du roi le payement des subsides que la Suède recevait de la France à titre d'alliée, et que l'arrivée au pouvoir du parti anglo-russe avait suspendu depuis l'année 1766.

La question affaire étant le motif sérieux du voyage, on ne se pressa pas de la traiter, et le jeune prince, sous le nom de comte de Gothie, qu'il avait substitué à son titre royal pour avoir plus de liberté dans ses plaisirs, commença par s'abandonner tout d'abord aux séductions de tous genres qui furent multipliées sur ses pas. Il était jeune et beau, intelligent et magnifique, et n'avait rien des habitudes un peu sauvages que les princes du Nord n'avaient pas encore tout à fait perdues.

Malgré son incognito, on le traita partout en prince royal, héritier d'une monarchie très-importante, sinon très-puissante, et tout le monde, le roi et sa maîtresse, les princes, les ministres, le peuple et même l'Académie française (1), accueillirent à

(1) Dans une séance solennelle, qui eut lieu en présence de Gustave, d'Alembert lut un *Dialogue des morts* où Christine et

l'envi ce jeune seigneur dont l'extérieur était si agréable, le sourire si charmant, et qui montrait, au milieu des fêtes de toutes sortes qu'on lui prodiguait, la satisfaction la plus grande, et le bonheur de jouir le moins embarrassé et le plus sincère.

Le 18 février 1771, il y eut, en son honneur, spectacle-gala au Théâtre-Français. La foule y était accourue, et, comme partout, l'arrivée de Gustave avait été acclamée avec enthousiasme. Le rideau venait de se lever; le prince, assis sur le devant de la loge royale, paraissait goûter avec un vif et intelligent plaisir l'amusement de la comédie, lorsqu'un huissier de la salle lui fit remettre une dépêche très-urgente, que son ancien gouverneur, le comte de Scheffer, arrivé de Suède tout exprès, venait d'apporter lui-même au théâtre.

En lisant cette missive, Gustave devint très-pâle, se leva tout troublé, et, faisant signe de le suivre aux officiers qui l'accompagnaient, il sortit et trouva

Descartes, aux Champs-Élysées, discouraient sur l'avenir de la Suède, et prédisaient à l'héritier du trône le règne le plus long et le plus glorieux.

Marmontel, pendant le séjour du prince à Paris, lui dédia son roman *les Incas*.

dans le petit salon de la loge le comte de Scheffer, qui l'embrassa en pleurant. Ce général avait été envoyé en toute hâte au prince, pour lui annoncer que le 12 février, après un bal de la cour, le roi Adolphe-Frédéric, son père, était mort subitement, et que dans la nuit même le sénat avait proclamé roi, sous le nom de Gustave III, le fils aîné du royal défunt.

A cette nouvelle, Gustave prit rapidement congé de la cour de France, après une entrevue assez longue avec Louis XV ; il traversa la Prusse, et passa quelques jours à Potsdam, auprès de son oncle le grand Frédéric, qui lui donna ses avis et ses conseils, et le 30 mai suivant il fit, comme roi de Suède, son entrée solennelle à Stockholm.

Je n'ai pas l'intention de faire ici l'histoire du règne de Gustave III, mais je veux indiquer rapidement les traits saillants de son esprit et de son caractère, et exposer, en quelques mots, les causes de la catastrophe qui a si tragiquement terminé sa vie.

Quand Gustave monta sur le trône, la noblesse avait le pouvoir tout entier dans ses mains ; le sénat et la diète étaient tout-puissants ; le roi était moins que constitutionnel, on en avait fait tout au plus une machine à signature (1). Depuis la mort de Charles XII, la royauté dégénérée s'était laissé prendre peu à peu toutes ses prérogatives : elle n'avait plus le droit de faire ou de ne pas faire la guerre ; elle ne nommait pas aux emplois ; elle se bornait à sanctionner les décisions de la diète et du sénat. On lui avait abandonné, pour ne pas avoir l'air de la dépouiller tout à fait, le pouvoir d'amnistier les criminels vulgaires, tandis que les condamnés politiques échappaient à son pardon comme à sa justice.

Gustave, qui se sentait soutenu par l'amour du peuple, qu'il avait d'abord séduit par sa grâce et par sa bienveillance ; qui fondait aussi un grand espoir sur les secours que lui avaient promis Frédéric et Louis XV ; qui, enfin, avait su gagner l'appui secret de quelques membres influents de la noblesse, Gustave résolut de rendre à la royauté le pouvoir et le prestige qu'elle avait perdus. Le métier de roi fainéant épouvantait cet actif et bouillant jeune

(1) Et encore avait-on inventé une estampille de la signature royale, qui était déposée à la chancellerie du royaume, et dont on abusait parfois pour signer, au nom du roi, ce que le roi eût mieux aimé ne pas signer.

homme, qui répugnait au rôle de fantôme couronné, esclave de sa noblesse et de son sénat.

Le 19 août 1772, il entra au sénat à la tête des grenadiers de sa garde, comme Bonaparte devait le faire, moins de vingt ans après, au 18 brumaire ; il chassa les sénateurs de la salle de leurs séances, s'empara du commandement de l'armée, et fit prêter serment à toutes les troupes de la garnison, en parcourant lui-même leurs casernes. Le soir, il fit proclamer dans la ville, par les affiches et les crieurs publics, qu'il reprenait le pouvoir et qu'il relevait la royauté tombée en tutelle, pour rendre à la Suède sa dignité et son indépendance.

Plus tard, après deux guerres plus ou moins heureuses contre la Russie et le Danemark, le 17 février 1789, il compléta cette première révolution par un nouveau coup d'État qui porta à l'aristocratie le coup de la mort. Il ordonna la réunion des états-généraux dans son palais, fit arrêter trente sénateurs parmi ceux qui lui étaient signalés pour la violence de leur opposition, et, le 21 du même mois, il força les ordres réunis à accepter *l'acte de sûreté et d'union* qui supprimait le sénat, donnait à tous les ordres de l'État les mêmes droits et les mêmes priviléges, et mettait dans ses mains, malgré les protestations furieuses de la noblesse irritée et avilie, plus de pouvoir que la royauté n'en avait jamais eu.

II

Cette seconde révolution exaspéra l'aristocratie suédoise, qui devint dès lors l'ennemie irréconciliable du roi.

La révolution de 1772 lui avait encore laissé l'ombre du pouvoir, puisqu'elle maintenait sa prédominance sur les autres ordres, et, en lui donnant l'entrée au sénat, lui accordait au moins une apparence d'immixtion dans les affaires du royaume et de contrôle sur les arrêts du roi. Le coup d'État de 1789 ruinait son crédit, anéantissait le dernier vestige de son influence, et, par-dessus tout, humiliait son arrogance et sa fierté en l'assimilant aux autres ordres de l'État et en la fusionnant définitivement avec eux aux jours de la représentation nationale. C'était cette même réunion de tous les ordres confondus en une seule assemblée, que devait, quelques mois plus tard, proclamer si glorieusement notre immortelle révolution française.

Cette vieille noblesse suédoise, qui depuis un demi-siècle avait pétri et façonné à sa guise la royauté complaisante, se voyant subitement à son tour abaissée par elle, rêva sourdement sa vengeance. Puis, d'autres griefs étaient venus s'ajouter à ses rancunes contre le roi. Cette noblesse antique était routinière, casanière, austère et silencieuse; elle aimait peu le bruit et les fêtes, et elle détestait les brillantes innovations de toutes sortes introduites à Stockholm par son fastueux monarque, aussi bien que les idées nouvelles de la philosophie et de la science, qu'il avait ardemment accueillies et pratiquées.

Gustave, en effet, aimait le luxe, le faste, les bals, les spectacles et les nobles délassements de la littérature et des arts. Il désira avoir une cour brillante, chevaleresque, animée par les distractions de tous les genres; il voulut qu'on citât au loin l'éclat de son entourage et la splendeur de ses fêtes. La cour de France, où il avait passé quelques semaines au milieu de plaisirs incessants, lui sembla le modèle le plus admirable, en ce genre, qu'il pût suivre, et il chercha constamment à rivaliser avec ses pompes et ses magnificences.

Il voulut d'abord avoir à Stockholm un Opéra qui pût être comparé à celui de Paris ; il ordonna que la troupe de la danse et celle du chant fussent recrutées parmi les meilleurs et naturellement les plus chers artistes. Une salle nouvelle s'éleva comme par enchantement sous sa puissante impulsion. Elle contenait cinq rangs de loges, entourées des plus riches ornements, et où la soie, le velours et l'or étincelaient sous le feu des mille bougies d'un lustre colossal.

Cette salle splendide fut inaugurée en 1780 par l'opéra de Naumann (1), *Cora*, qui eut un grand succès. Le roi y fit représenter aussi des œuvres dont il composa souvent soit le scenario, soit même entièrement les paroles. Il écrivit presque tout à fait le poëme de l'opéra *Gustave Wasa*, qui fut le chef-d'œuvre de Naumann, et qui eut une vogue

(1) Jean-Amédée Naumann, né en 1741, près Dresde. Il séjourna en Suède de 1776 à 1785. Il voyagea ensuite dans toute l'Europe, et eut partout de grands succès et de grands honneurs. Le 21 octobre 1801, il se promenait à Dresde, lorsqu'il tomba mort, frappé d'une attaque d'apoplexie foudroyante.

prodigieuse. Gustave en fit graver à ses frais la grande partition d'orchestre. On le joua pendant tout un hiver, et il était fort difficile de se procurer des places, à moins de les retenir fort longtemps à l'avance.

Le roi était d'ailleurs un noble littérateur (1) que ses succès ne devaient pas ridiculement enorgueillir. Il protégea généreusement et efficacement les arts et les artistes, et ne montra, vis-à-vis de ses confrères en littérature, aucune mesquine jalousie de métier. Il était en cela modeste et magnifique, aidant de son argent et de sa faveur les jeunes talents qui cherchaient à percer, et faisant le plus bienveillant accueil à ceux qui étaient illustres, et que sa noblesse repoussait à cause de leur roture, ou simplement parce que le roi les protégeait.

Il est un artiste qu'il honora particulièrement

(1) Il a composé des poésies diverses, des tragédies et des drames, etc., plus estimés pour la pureté et l'élégance du style que pour leur originalité. Il écrivit et présenta à l'Académie de Stockholm un éloge funèbre anonyme du célèbre général Léonard Torstenson, qui lui mérita le grand prix, sans qu'on sût certainement d'abord à qui on le décernait.

Voyez les *Œuvres politiques, littéraires et dramatiques de Gustave III*, publiées par Dechaux, 5 vol. in-8, Paris 1805.

d'une très-vive affection, et à qui il fit exécuter de nombreux et riches travaux, le célèbre sculpteur Sergell (1), qui devait lui survivre et faire sa statue et son tombeau.

Le roi commanda à cet illustre artiste une grande statue de Gustave Wasa, qui fut solennellement inaugurée dans un jour de fête nationale. A cette occasion, on représenta un opéra de circonstance, *la Fête de la Suède*, dont Gustave avait composé les paroles, et qui fut vivement applaudi.

Il donna aussi à sa cour des soirées et des bals somptueux; mais il voulut que tout le monde pût jouir de ce plaisir, pour lequel il montra toujours une si grande passion. Il fonda, pendant la saison d'hiver, dans la salle de la Bourse, des bals parés et masqués, où chacun, quel qu'il fût, était admis moyennant la rétribution fixée et un costume convenable. La famille royale tout entière, placée dans une loge spéciale, assistait à ces magnifiques fêtes,

(1) Tobie Sergell, né à Stockholm en 1740. Élève du sculpteur français Larchevêque, il devint membre de l'Académie des Beaux-Arts de France, et mourut en 1814. Il y a de lui, au palais du Luxembourg, à Paris, un *Soldat grec blessé* de la plus classique beauté.

qui, commencées à six heures du soir, étaient toujours terminées avant minuit.

Plus tard, quand la salle de l'Opéra fut construite, les bals y furent aussi transportés, et ils reçurent un nouvel éclat du lieu splendide où ils furent désormais donnés. Le roi aimait tant cette sorte de plaisir, qu'après avoir conduit la reine à sa loge, il descendait généralement dans la salle, en domino, et se mêlait sans précaution ni crainte aux groupes nombreux du public.

Enfin, Gustave, qui avait toujours sous les yeux les brillants souvenirs de la cour de France sous Louis XIV et sous Louis XV, voulut imiter le grand roi jusque dans ses plus ruineuses folies. Il donna quelques tournois et plusieurs carrousels, dans lesquels il courut lui-même l'épée ou la lance au poing, et il remporta le plus souvent la victoire, sans que ses adversaires y missent de la courtisanerie et de la complaisance, ce qui leur était d'ailleurs défendu. Une foule enthousiaste accourait toujours à ces fêtes, et y faisait au roi l'accueil le plus sympathique et le plus populaire.

III

Et cependant, ce roi intelligent et hardi, magnifique et généreux, n'avait point la force morale que ses audaces politiques pourraient faire supposer. Il se laissa prendre comme tant d'autres aux appâts grossiers des sciences surnaturelles, dont les mystérieuses expériences exercèrent, depuis sa jeunesse jusqu'à sa mort, une curieuse et incompréhensible influence sur les actes les plus graves et les plus sérieux de sa vie publique et privée.

Dans ces circonstances il avait l'humeur triste, il devenait timide et irrésolu, et se laissait dominer et persuader par les apparences les plus vulgaires et les plus suspectes; voulant passer pour un esprit fort, il était simplement superstitieux; il prétendait être philosophe à la manière de Voltaire et de Diderot, dont les idées avaient déjà envahi son petit royaume, mais il n'avait pas une solidité de caractère suffisante pour recevoir sans danger les principes nouveaux, que beaucoup d'esprits autrement trempés que le sien n'avaient point accueillis sans une véritable révolte de leur conscience inquiète et troublée.

Il croyait aux devineresses, et il avait mis à la mode, par ses assiduités, une célèbre nécromancienne, la jolie Mlle Arfvedsson, qui lui faisait voir l'avenir dans du marc de café. Plein de confiance dans les ébats cabalistiques de cette belle sorcière, Gustave alla jusqu'à la consulter pour les affaires de l'État et pour les intérêts de sa politique.

Il s'était affilié à la franc-maçonnerie, introduite en Suède vers le milieu du XVIIIe siècle. Ses frères avaient imité son exemple et sa ferveur. Le roi se présenta aux divers degrés d'initiation, se conforma avec le plus grand scrupule à tous les règlements établis, et attacha à son cou, dans une boîte d'or, un mystérieux sachet contenant une non moins mystérieuse poudre, destinée à combattre et à éloigner l'esprit du mal.

Il s'occupa également de la recherche de la pierre philosophale, du grand œuvre, qui absorbait et abêtissait tant d'intelligences supérieures. Il fit évoquer devant lui les esprits invisibles, et se montra, pour tout ce qui se rattachait aux manifestations surnaturelles, d'une crédulité naïve et surprenante.

Un confident du roi, le secrétaire d'État Schroderheim (1), nous a transmis la description de plusieurs scènes bizarres auxquelles le roi assistait avec ses frères après un jeûne préparatoire et dans une disposition d'esprit trop favorable au résultat de ces sottes tentatives. Au milieu d'une de ces expériences, qui avait lieu un vendredi saint, le roi et ses frères, emportés par l'émotion, se jetèrent dans les bras l'un de l'autre, s'embrassèrent en pleurant, en se jurant une amitié éternelle, et surtout en attribuant aux esprits bienveillants l'honneur et le bonheur de leur perpétuelle réconciliation.

Bientôt le roi voulut lui-même obtenir directement la manifestation des influences surnaturelles. Il se livra chez lui, dans un petit cabinet retiré de son palais, et dans la compagnie d'un de ses familiers, à de secrètes expériences qui n'eurent pas le résultat qu'il en attendait, puisque les comparses des comédies habituellement jouées devant lui n'étaient pas

(1) Voyez sur ce point l'intéressant travail publié par le savant M. A. Geffroy dans la *Revue des Deux Mondes* (du 15 février 1864 au 15 novembre 1865).

là pour en renouveler la vaine et burlesque représentation.

Le magnétisme fit également irruption dans les États de ce roi, si bien disposé à accueillir tout ce qui se manifestait en dehors de la vie naturelle et publique. Gustave admit la science nouvelle, et s'y adonna avec la même ferveur et la même passion. Ses frères et beaucoup de seigneurs de sa cour se jetèrent comme lui, et avec lui, dans l'étude de tous ces mystères nouveaux trouvés, inventés et colportés dans le laborieux XVIIIe siècle.

Le prince Charles, duc de Sudermanie, frère cadet du roi, et qui devint le médiocre Charles XIII (1), était, à cause des droits que lui donnait sa naissance, l'espoir des ambitieux qui rêvaient la déposition de Gustave. Esprit borné et étroit, mais se croyant capable de grandes choses, défiant, faible et même bête, ce prince accepta volontiers le

(1) Né en 1748; régent de 1792 à 1796; roi en 1809; mort le 2 février 1818. A son avénement, après la chute et l'exil de son neveu Gustave IV (13 mars 1809), il adopta comme héritier du trône le prince Christian de Danemark, qui mourut presque aussitôt. C'est alors que le vieux roi fit reconnaître comme prince royal le maréchal de France Bernadotte, qui fut roi de 1818 à 1844 sous le nom de Charles-Jean XIV.

rôle qu'on lui fit jouer. Élu maître d'une province maçonnique, il avait pris ridiculement au sérieux son nouvel emploi. Il se disait vicaire de Salomon, et, couvert d'une longue robe rouge et bleue, il se promenait cérémonieusement dans la ville, ou paraissait dans sa loge, au théâtre, dans cet accoutrement grotesque qui lui valait les moqueries de tous ceux qui avaient le sens commun.

Il fut facile de se jouer de la crédulité de ce prince puéril et niais, au moyen de simulacres d'expériences où on lui fit entendre la voix de Dieu, et où il fut persuadé qu'on l'initiait à la perception de l'avenir. Cette prétendue voix de Dieu, qui lui parla par celle d'un affilié, lui montra en perspective la déposition du roi, la régence, et plus tard, pour lui-même aussi, le trône. Il assista plusieurs fois à de semblables cérémonies, où les mêmes apparitions et la même voix reproduisirent pour lui la même prédiction, et pour le roi les mêmes menaces.

C'était par ces menées singulières qu'on préparait ce prince à accepter comme naturelle la destinée qu'il a en effet remplie après la catastrophe qui le fit régent du royaume. Le parti modéré, qui agissait en son nom, voulait la déposition pure et simple du monarque ; il fut, comme nous allons le voir, prévenu et dépassé par le parti plus radical, qui voulait avant tout sa mort.

IV

La noblesse, abaissée, flétrie, dépouillée, ne devait pas pardonner au roi son offense. Il est bien évident que son ressentiment implacable causa seul la mort de Gustave. En effet, dans la conspiration dont il fut la victime, tous les conjurés sont nobles. Le principal, Anckarstroëm, est de petite noblesse, il est vrai; mais à sa haine contre le roi, comme auteur des deux coups d'État qui ont ruiné le pouvoir du sénat et des grands, vient s'ajouter un motif de vengeance personnel.

Jean-Jacques Anckarstroëm est né vers 1750. A vingt-quatre ans, il est enseigne au régiment des gardes-bleus de la maison du roi. En 1783, il quitte le service avec le grade de capitaine, et se retire dans ses terres pour les faire valoir. C'était un homme assez vulgaire, dur et grossier. D'un caractère farouche et difficile, et ne pouvant s'entendre avec personne, il eut pour ses affaires de perpétuels procès; il les perdit et perdit aussi avec eux sa fortune. Il vint alors habiter Stockholm et grossir le groupe des mécontents dans la capitale. Comme il ne ménageait pas ses propos, on le fit poursuivre pour injures à la personne royale; enfin, un dernier procès, qu'il soutenait depuis longtemps, étant des plus litigieux, l'intervention du roi le lui fit perdre.

A partir de ce jour, les griefs d'Anckarstroëm contre Gustave sont suffisants pour qu'il accepte aveuglément et fanatiquement une place et un rôle dans toutes les conspirations qui peuvent s'organiser contre sa personne.

Un autre conjuré est le jeune comte Horn d'Aminne. Agé de trente ans à peine, joli garçon, élégant, poëte, il était fort aimé des dames et même du roi, qui trouvait en lui un gai compagnon. Fort jeune, il avait eu quelques aventures galantes qui avaient fait du bruit, et il était à la mode dans la société lettrée, légère et brillante.

Or, il arriva que son père, le général Horn, fut impliqué dans un soulèvement comme auteur ou complice, on ne sait au juste. Il fut jeté en prison, et il y resta quelque temps, malgré les supplications que son fils adressa au roi. Le jeune comte avait le caractère faible; comme le roi, il croyait aux devineresses et à l'influence des esprits malins, et il était facile de l'entraîner. L'arrestation de son père fut le prétexte de sa défection; il se jeta aussitôt étourdiment dans le complot, et alla jusqu'à prêter sa maison de campagne aux conjurés, comme lieu de rendez-vous pour l'organisation de leur criminelle entreprise.

Le troisième conjuré est le comte de Ribbing, jeune seigneur mondain et léger, mais rempli de bravoure et d'audace. Son père avait été jadis écuyer de la reine mère, la princesse Louise Ulrique (1), sœur du grand Frédéric, femme bavarde, sceptique et irréfléchie, et qui écoutait volontiers et laissait même publier avec plaisir, contre le roi son fils, les plus stupides et les plus coupables calomnies. Le jeune Ribbing avait vécu dans l'intimité

(1) Elle mourut quelques années avant l'assassinat de son fils.

de la maison de cette princesse, et il y avait été en quelque sorte nourri dans la haine et la dérision du roi.

Gustave, qui n'ignorait pas la légèreté de sa mère, savait parfaitement tout ce qu'elle disait et laissait dire sur lui; il s'était promptement brouillé avec elle, et il ne voyait pas d'un meilleur œil ceux qui faisaient partie de sa cour ou de sa suite. Ribbing, qui était aussi ambitieux, faisait tout ce qu'il pouvait pour attirer sur lui la colère du roi, espérant beaucoup qu'en cas de révolution il lui serait tenu bon compte de l'opposition qu'il lui aurait faite. Il alla jusqu'à se moquer de Gustave dans une circonstance qui frappa celui-ci de terreur et augmenta encore sa répulsion instinctive contre le jeune comte.

Un jour, Mlle Arfveddson avait donné au roi, dans une consultation, le conseil de se défier de tout homme qu'il trouverait, sur son passage, vêtu d'une robe rouge. Elle disait cela à Gustave comme tout ce qu'elle lui disait, en l'air, pour remplir le temps de la consultation, et d'autant plus innocemment qu'on n'avait jamais porté à Stockholm d'habits de la couleur qu'elle indiquait. Ribbing connut ce propos ; il se fit faire aussitôt un habit rouge, et dans une de ses promenades le roi le rencontra sur ses pas, devant lui, affublé du costume qu'il devait redouter, et avec une mine et une attitude menaçantes

Peu de temps après, Gustave eut l'occasion de se venger du comte, et il ne la laissa pas échapper. Ribbing aimait une jeune fille fort riche qu'il voulait épouser ; mais le roi fit tant et si bien, qu'un de ses favoris, puissamment appuyé par lui, fut préféré à Ribbing, qui, à partir de ce jour, voua à Gustave une haine plus terrible encore.

Il y avait aussi le lieutenant colonel des gardes-bleus Liliehorn, fort attaché au roi, et qui avait sur ses troupes une très-grande influence. Il se laissa néanmoins entraîner dans le complot, sauf à s'en repentir trop tard.

Il faut encore nommer le républicain baron Bielke, l'adjudant Ehrensward, le major Hartmansdorf, et beaucoup d'autres personnages appartenant tous à la noblesse et à l'ancien sénat (1).

(1) « Il y a deux classes de complices, écrit le ministre de « France à sa cour : les conjurés admis jusque dans la confidence « de l'assassinat, et les confédérés très-désireux de coopérer à

Enfin, le plus important des conjurés par l'âge, le caractère et l'autorité, était le général baron Pechlin, vieux républicain, remuant, mécontent, ambitieux, insatiable, et qui avait pris part à tous les troubles qui ensanglantèrent la Suède. Il fut l'instigateur et l'âme de la conspiration, et il sut trop bien communiquer à ses jeunes complices l'ardeur et l'exaltation des sentiments qui l'animaient.

Quant au duc de Sudermanie, il sut, en partie du moins, il n'en faut pas douter, tout ce qui devait se passer; et s'il garda le silence, c'est que son intérêt et son ambition y trouvaient leur compte, et que l'appât brillant qui lui était offert avait de quoi troubler un esprit même plus fort et moins chancelant que le sien.

V

Le 2 mars 1792, il y avait bal masqué à l'Opéra. Le roi avait dû s'y rendre, puis les graves nouvelles arrivées de France l'avaient retenu en son château

« une révolution imminente, sans toutefois en connaître les « moyens. »

de Haga, le Saint-Cloud des rois de Suède. Il y avait passé une partie de la nuit en conférence avec les ministres d'Angleterre, de France et de Russie, pour y discuter la conclusion d'une étroite alliance entre les trois cours, afin de délivrer le faible et malheureux Louis XVI des étreintes terribles de la révolution.

Ce soir-là même, les conjurés soupèrent chez le général Pechlin, et décidèrent que le 9 mars suivant, le roi serait assassiné pendant le bal masqué de l'Opéra, qui devait être le dernier de la saison, et auquel Gustave ne manquerait pas d'assister. Tuer le tyran au milieu d'une de ces fêtes que l'austère noblesse suédoise regardait comme sacriléges et coupables, et le voir succomber dans le lieu même où elles se donnaient!... ne devait-on pas reconnaître dans cette sanglante punition le juste arrêt d'un Dieu irrité et vengeur?

Le repas fut court : les conjurés avaient hâte de se réunir dans le cabinet du général, où devaient être arrêtées les dernières résolutions. On ne savait encore quelle arme employer pour se défaire de Gustave, mais Anckarstroëm, ancien officier de cavalerie, proposa de choisir le pistolet comme devant plus sûrement donner la mort. On accueillit son idée, et on tira au sort le nom de celui qui devait frapper. Le sort désigna Anckarstroëm lui-même, et il accepta avec la plus grande joie cette triste et effrayante mission.

Le 9 mars, un deuil de cour fit remettre au 16 le bal annoncé, ce qui était une certitude de plus pour les conjurés; car en faisant ajourner le bal, le roi prenait en quelque sorte le tacite engagement de s'y rendre.

Le vendredi 16 mars, les conjurés se réunirent de nouveau à souper chez le général Pechlin. Le repas, cette fois, fut gai, d'une gaieté peut-être forcée, mais exigée par la circonstance, chacun voulant donner à son voisin et se donner à lui-même une assurance et un courage qui ne devaient d'ailleurs faillir à personne.

Pendant ce temps, Gustave, après avoir dîné au château de Haga, se rendit vers sept heures à l'Opéra, avec plusieurs personnages de sa cour. Il avait, depuis quelques années, fait construire au-dessus de sa loge deux salons, fort luxueusement décorés, où il recevait des visites et donnait à souper à son entourage. A huit heures on apporta le couvert du roi, qui eut entre autres convives le comte d'Essen, son écuyer et l'un de ses plus intimes favoris.

Au milieu du souper, un page de la cour, Tigerstedt, remit à Gustave un billet cacheté qu'un valet de pied avait reçu dans la journée pour le roi. Ce billet était écrit au crayon, en français et sans signature. Gustave le parcourut rapidement, et le mit dans sa poche, sans que sa lecture parût le moins du monde l'avoir troublé.

Après le souper, le roi, resté seul avec Essen, lui donna à lire le billet qu'il avait reçu. On y avertissait Gustave qu'on en voulait à sa vie, et qu'il eût à veiller sur sa personne, car on devait prochainement tenter de l'assassiner. Mais l'anonyme ne citait aucun nom et n'indiquait rien de précis.

Ce billet était du lieutenant-colonel Liliehorn, qui avait éprouvé des remords tardifs, mais qui cependant, ne voulant dénoncer ni la conspiration ni les conjurés, s'était borné à mettre le roi sur ses gardes.

Essen voulut empêcher Gustave de descendre dans la salle, mais le roi se moqua de ses craintes. Le favori insista, suppliant son prince de mettre au moins une cuirasse qui pût défier les poignards ou les balles; le roi ne voulut rien entendre, et, aidé d'Essen lui-même, il revêtit son costume. Il portait une veste et un manteau de satin gris, et, comme la cour était en deuil, une écharpe de taffetas noir et un domino de même étoffe et de même couleur, assez entr'ouvert pour qu'on aperçût ses décorations, qu'il n'avait pas non plus voulu quitter, et qui le désignaient suffisamment à l'attention de ceux qui ne l'auraient pas d'abord reconnu.

Quand il fut passé de ses appartements dans le théâtre, le roi se promena quelque temps dans le couloir des premières loges, où il s'amusa à faire parler en suédois un vieil émigré français qui tenait là un buffet de rafraîchissements, et dont l'accent, les efforts et même les contorsions pour s'exprimer dans cette langue rebelle, amusaient beaucoup Gustave. Enfin, un peu avant onze heures, prenant le bras du comte d'Essen, il entra avec lui dans la salle en disant gaîment :

« Eh bien ! allons voir maintenant s'ils oseront m'assassiner !... »

Le bal était dans tout son éclat, très-brillant, très-animé; une grande foule bariolée et joyeuse parcourait la salle en tous sens; on entendait les cris et les rires des danseurs, qu'un orchestre magnifique excitait au plaisir. De temps à autre, cependant, des groupes mystérieux de dominos de couleurs sombres et uniformes traversaient cette folle cohue, et semblaient jeter comme un froid et une menace au milieu d'elle.

Quand Gustave entra, il fut tout de suite reconnu : « C'est le roi !... » Et son nom, répété de bouche en bouche, publia aussitôt partout son arrivée. Accompagné seulement de quelques personnes, Gustave fit rapidement le tour de la salle, regarda un moment une contredanse qui était exécutée par deux danseurs émérites du ballet de l'Opéra, et se rendit enfin au foyer.

L'affluence n'y était pas moins grande, et la venue du roi la fit augmenter encore. A peine était-il entré, que deux groupes de masques vinrent se rencontrer et se bousculer devant lui. Dans le désordre produit par ce mouvement concerté à l'avance, un domino, le comte de Horn, s'approche de Gustave, et, le frappant doucement de la main sur l'épaule, il s'écrie d'une voix légèrement émue :

« Bonsoir, beau masque ! »

C'était le signal ; on entend tout à coup une sourde explosion, et le roi tombe dans les bras du comte d'Essen, au milieu d'un désordre inexprimable et des cris de terreur de la foule épouvantée.

« Je suis blessé ! s'écrie Gustave en portant la main au côté gauche. Arrêtez-le ! »

Le roi a cependant la force d'ôter son masque ; mais à ce moment les conjurés se séparent et se portent vers toutes les issues de la salle en criant au feu. Le tumulte est alors à son comble ; le public effaré se précipite vers toutes les portes, par tous les escaliers, mais il est promptement refoulé à l'intérieur par l'arrivée d'un détachement de troupes que conduit M. de Liljenspare, lieutenant de police de la ville.

Celui-ci s'installe aussitôt à une table qu'on place au milieu du foyer, et il fait comparaître devant lui, pour les interroger l'un après l'autre, les spectateurs, restés à peu près tous dans le théâtre et dont le nombre est de mille environ.

Les conjurés sont interrogés à leur tour, et tous répondent avec beaucoup de sang-froid et d'habileté. Questionné sur les motifs qui l'ont amené à ce bal,

Anckarstroëm répond fièrement qu'il ne doit compte de ses plaisirs à personne.

Pendant l'interrogatoire, un garde ramassa, non loin d'une banquette sur laquelle on avait tout d'abord assis le roi, un grand coutelas et deux pistolets de fabrique anglaise. L'un d'eux était encore chargé, on le dévissa ; il contenait des balles, du plomb, des clous et du camphre destiné à affaiblir le bruit de l'explosion. Le lieutenant de police emporta ces armes comme pièces de conviction ; puis, vers cinq heures du matin, l'interrogatoire public étant terminé, il fit ouvrir les portes du théâtre, et chacun eut la liberté de se retirer, sans qu'on eût encore arrêté ou même soupçonné quelqu'un.

Le roi avait été étendu sur un divan du foyer ; il avait reçu la charge du pistolet un peu au-dessus de la hanche gauche, et sa blessure avait un aspect terrible. Cependant il n'éprouvait pas une douleur très-grande, et il avait gardé toute sa connaissance et la parfaite lucidité de son esprit. Il montra même beaucoup de courage, et parut plus rassuré que tous ceux qui l'entouraient. Il donna lui-même, avec le plus grand sang-froid, les ordres nécessaires pour les mesures diverses qu'allait exiger ce grave événement.

Près de lui, un de ses familiers, le général Armfelt, s'étant trouvé mal, le roi le plaisanta sur son peu de courage, lui demandant si, par expérience, il ne savait pas ce que c'était qu'une blessure, et il ordonna même, en riant, qu'on lui donnât de l'eau de Cologne.

On apporta enfin un brancard où Gustave fut étendu. Quatre grenadiers des gardes bleus, précédés de valets avec des torches, transportèrent le royal blessé dans les petits appartements attenant à sa loge. Il fut placé sur un lit de repos, et les chirurgiens de la cour lavèrent et pansèrent sa plaie. Le roi reçut ensuite le corps diplomatique, qui vint, en partie, le saluer et lui donner des marques respectueuses de sympathie. Gustave l'accueillit très-amicalement et causa et plaisanta sur ce qui venait d'arriver en disant :

« Que vont penser de mon assassinat Brissot et ces coquins de révolutionnaires de Paris ?... »

Et comme quelqu'un émettait l'avis que l'assassin était peut-être un Francais, ou tout autre, payé par la Révolution pour empêcher l'expédition que Gustave préparait contre elle :

« Je ne le crois pas, dit-il, et d'ailleurs je ne souhaite pas qu'on le trouve. On serait obligé de le mettre à mort, et je préfère qu'il n'y ait de sang versé que le mien. »

Quand le roi fut un peu reposé, on le transporta au palais, sur un double matelas établi dans une voiture de la cour. Comme on le menait de sa loge à la voiture, il passa devant le corps diplomatique :

« Voyez, messieurs, dit-il aux divers représentants des puissances, me voici traité comme le pape, je vais en procession !... »

Le lendemain, à la nouvelle de l'événement, la ville tout entière fut dans la consternation, et pendant toute la journée la foule se porta aux alentours du palais, pour savoir des nouvelles du roi et lui faire connaître l'intérêt immense que le peuple prenait à son rétablissement et à son salut.

Le lieutenant de police fit publier une récompense de dix mille rixdallers (1) pour celui qui découvrirait ou ferait découvrir l'assassin. Puis, tous

(1) Près de cinquante-huit mille francs de notre monnaie.

les armuriers de la ville furent convoqués à l'hôtel de police, pour visiter les armes qui avaient servi à l'assassinat. L'un d'eux déclara que ces pistolets avaient été achetés à Londres par ses ordres, et vendus à Anckarstroëm, alors qu'il était encore capitaine aux gardes bleus.

M. de Liljenspare leva sur-le-champ la séance, et courut lui-même au logement d'Anckarstroëm avec une forte escorte de troupes. Il fit cerner la maison, et monta, accompagné seulement de deux agents, dans les appartements de l'assassin. Celui-ci dormait encore, paisiblement couché auprès de sa femme, comme s'il n'eût rien eu à craindre ni à se reprocher.

Il fut arrêté, emprisonné et interrogé aussitôt. Il ne chercha pas à nier sa participation au complot, et, sans nommer ses complices, il déclara avec la plus grande franchise et dans les plus grands détails la part qu'il avait prise au crime.

En le quittant, le lieutenant de police se rendit au château. Le roi était alors beaucoup plus mal; les médecins avaient sondé la blessure et l'avaient déclarée fort dangereuse, car ils ne purent en retirer, après une opération longue et douloureuse qu'une petite balle et quelques morceaux de mitraille.

Les antichambres étaient remplies d'une foule considérable, composée en grande partie du corps diplomatique et de la noblesse, à laquelle s'étaient aussi mêlés les conjurés, pour mieux détourner les soupçons. Ceux-ci, très-animés, parlaient haut et beaucoup; le comte de Ribbing surtout donnait son avis avec une incroyable audace, et accusait la Révolution française d'avoir soudoyé l'assassin.

Le général Armfelt, qui n'aimait pas le comte, et qui connaissait, comme tout le monde, sa haine pour le roi, lui répondit avec beaucoup de vivacité :

« Vous vous trompez, monsieur : c'est un Suédois qui a frappé le roi ! un Suédois de la noblesse ! Honte à elle ! honte à lui ! »

Ribbing allait peut-être relever ces paroles, qui avaient si bien l'apparence d'une provocation directe, lorsque le lieutenant de police entra. Il fut aussitôt entouré, et la même question lui fut adressée à la fois par tout le monde :

« L'assassin est-il trouvé ?

— Oui, messieurs, répondit M. de Liljenspare,

l'assassin est découvert ! C'est Anckarstroëm !... »

Ribbing était adossé à la cheminée, et avait le lieutenant de police devant lui ; au nom d'Anckarstroëm, il pâlit subitement sous le regard accusateur de M. de Liljenspare, qui avait de bonnes raisons pour soupçonner sa complicité. En effet, il ordonna aussitôt son arrestation, qui eut lieu dans le palais même du roi. Dans la même journée, sur de nouveaux indices, il fut décidé qu'on arrêterait également le général Péchlin, le général comte de Horn et son fils, le colonel de Lilienhorn et le baron Bjelke.

Quand les soldats chargés d'agir contre ce dernier furent entrés dans son appartement, ils trouvèrent le conspirateur mort empoisonné dans son lit. Il s'était lui-même rendu et fait justice.

La maladie du roi dura treize jours, au milieu d'illusions suivies presque immédiatement de désespoirs. Il reçut, dans ce triste moment, des marques précieuses de la sympathie et de l'estime générales. D'anciens familiers de la cour de Gustave que ses édits en avaient éloignés, vinrent successivement donner au roi des preuves de leur intérêt et de leur attachement. Beaucoup de membres de la noblesse qui depuis longtemps vivaient loin de lui accoururent également pour protester contre toute imputation pouvant les faire soupçonner d'avoir pris une part quelconque à un crime aussi odieux.

Sa famille ne quitta pas non plus le roi. La matinée était donnée aux médecins ; dans l'après-midi les princes et les princesses restaient auprès du malade, que veillaient pendant la nuit plusieurs de ses aides de camp. Tous les jours aussi, de huit heures à onze heures du matin, on disait dans la chapelle du château des prières publiques pour le salut du roi. L'affluence y fut énorme, et l'on voyait pendant tout le temps de l'office, agenouillés, tête nue, dans la cour du palais, ceux qui n'avaient pu trouver place dans la chapelle.

Enfin, deux fois par jour, à neuf heures du matin et à cinq heures du soir, les médecins venaient en consultation ; on sondait la blessure, et le roi supportait avec un grand courage deux douloureuses opérations, qui étaient journellement faites par le célèbre chirurgien Akrell.

Gustave se porta d'abord assez bien pour pouvoir se lever et rester étendu sur un fauteuil ; mais après quelques jours, les douleurs de sa blessure, ravivées continuellement par la double opération qu'il subissait, causèrent au royal malade un affaiblissement si grand, qu'il dut absolument garder le lit. Sa plaie répandait dans la chambre une odeur insupportable, qu'on chassait à grand'peine en répandant de l'eau de Cologne et en brûlant du sucre.

Les derniers jours de sa vie se passèrent dans de cruelles alternatives de mieux et de mal qui ne devaient pas permettre d'illusions. Gustave avait institué, pour le temps de sa maladie, un conseil de régence présidé par le duc de Sudermanie, et qui devait, sous la surveillance et avec les conseils du roi, gouverner momentanément l'État. Le dimanche 25 mars au soir, il fit venir dans sa chambre les membres de ce conseil, et les retint à dîner avec lui. Le couvert fut dressé devant le lit du roi, qui mangea assez copieusement, pour un malade si près de la mort. En effet, il prit du poulet, du ragoût et un peu de glace. Après le dîner, il causa longuement avec ses convives, et leur déclara qu'il ne se faisait aucune illusion sur son état.

« Je m'attends à la mort, ajouta-t-il; je la vois

venir, je sens qu'elle est proche; je vous recommande mon fils et le royaume. »

On lui apprit ce jour-là seulement qu'Anckarstroëm était son meurtrier.

« Je n'aurais pas songé à lui, répondit-il; je croyais que c'était Ribbing qui m'avait frappé; mais si mon silence avait pu sauver l'assassin, j'eusse emporté avec moi le secret de son crime!... »

Après le départ du conseil de régence et de la cour, le roi fut beaucoup plus mal, et il passa une nuit fort mauvaise. Il eut une grande fièvre et éprouva de violentes douleurs et une toux très-forte, dont chaque accès était suivi de cris terribles que lui arrachait la souffrance.

Cependant le lendemain 26 il alla un peu mieux, et il voulut mettre ordre à ses affaires. Il dicta son testament, qu'il confia à Mgr Walkwist, archevêque d'Upsal. Il écrivit une lettre très-touchante à l'impératrice de Russie, Catherine II, pour lui demander sa protection et son amitié pour son fils, et enfin il remit au duc de Sudermanie une cassette fermée et scellée de ses armes, contenant des papiers importants, et qui ne devait être ouverte que cinquante ans après sa mort (1).

Dans la nuit du 28 au 29 mars commença son agonie. Il éprouva du délire et jeta de hauts cris, entrecoupés de plaintes de souffrance. Vers le matin, il eut avec l'archevêque d'Upsal une longue et dernière conférence, après laquelle il demanda qu'on fît entrer toute la cour; et, tenant dans ses mains les deux mains de son fils agenouillé devant lui, un peu soulevé sur son lit, la tête inclinée, il reçut avec le plus grand courage et la plus noble résignation la bénédiction solennelle que lui

(1) Cette cassette ne fut ouverte, en effet, qu'en 1842, deux ans avant la mort de Charles XIV (Bernadotte). On confia au professeur Geyer le soin d'examiner, de classer et d'inventorier son contenu. Elle renfermait des papiers insignifiants, beaucoup de pièces relatives à la Franc-Maçonnerie, une assez grande quantité de lettres de divers personnages célèbres, et une correspondance intime du roi, au sujet des fêtes données à sa cour et d'intrigues devenues sans intérêt. On y trouva encore quelques manuscrits d'opéras inachevés, le scenario original de *Gustave Wasa*, et d'autres papiers d'une importance également médiocre.

On put ainsi se convaincre que la précaution prise par le roi pour reculer de cinquante ans la connaissance publique des papiers de sa succession n'avait été qu'un caprice inutile, et la curiosité de tous, vivement excitée par la clause testamentaire, n'eut pas lieu d'être satisfaite.

donna le prélat au milieu de l'affliction générale. Mais il refusa obstinément de voir la reine Sophie-Madeleine, sa femme, avec laquelle, pendant presque toute sa vie, il avait fait plus que mauvais ménage.

Enfin, quelques minutes avant onze heures du matin, le jeudi 29 mars 1792, s'étant tourné du côté de la muraille, comme s'il allait s'endormir, il rendit le dernier soupir.

Le canon annonça sa mort à la ville, et, comme un glas funèbre, il répandit partout la stupeur et la consternation. La foule envahit aussitôt toutes les avenues du palais, dont les portes furent solennellement ouvertes devant elle. Le duc de Sudermanie s'avança alors, suivi d'un huissier qui portait sur un plateau d'argent le testament du feu roi.

Le prince le prit et le lut à haute voix. Il proclamait roi de Suède, des Goths et des Vandales le fils du roi, qui prenait le nom de Gustave IV (1). Le

(1) Né en 1778. On connaît la triste et bizarre destinée de ce prince à moitié idiot. Il faillit épouser la petite-fille de Catherine, qu'il alla chercher à Saint-Pétersbourg; mais, au moment de signer le contrat, pris de je ne sais quel caprice subit, il s'enfuit tout à coup de Russie sans revoir la princesse. Il fut pendant son règne toujours en brouille ou en guerre avec la France, par

duc annonça en outre qu'il acceptait la régence et que le général Amfelt était gouverneur militaire de la ville.

Pendant ce temps on avait habillé le cadavre de Gustave, et on l'avait posé sur un grand drap rouge étendu sur son lit de mort. Un bras du monarque était penché vers la balustrade du lit, la main nue, et le peuple tout entier fut admis à défiler devant cette lugubre exposition, et à déposer sur la main du mort un suprême baiser.

On fit au roi de populaires funérailles ; son frère le duc de Sudermanie, avec les apparences d'une douleur dans laquelle le remords pouvait avoir justement sa bonne part, dirigea la funèbre cérémonie. Le corps fut porté au Riddarholm, le Saint-Denis des monarques suédois, et placé auprès du tombeau de Gustave-Adolphe.

Pendant la marche du cortége, la foule im-

haine de Napoléon, qu'il appelait *la bête de l'Apocalipse*. Le 13 mars 1809, une révolution de palais le renversa du trône. Il fut même honteusement chassé de Suède, à la suite d'une lutte scandaleuse avec les conjurés, dans les escaliers de son propre palais. Il vécut alors un peu partout, hors de Suède, sous le nom de colonel Gustawson, et mourut en Suisse le 7 février 1837. Il a laissé trois filles et un fils, connu sous le nom de prince Gustave Wasa.

mense qui le suivait, le précédait et l'entourait, put admirer, placé sur le cercueil royal, un buste de Gustave de la plus parfaite ressemblance, et que venait de terminer Sergell. Pendant ce triste convoi, chacun avait les yeux fixés sur l'image de marbre de ce roi qui était mort assassiné parce qu'il avait élevé et grandi le peuple aux dépens de sa noblesse humiliée, et imprimé ainsi le premier aux idées, aux lois et aux usages de son pays, un mouvement libéral et égalitaire qui ne devait plus s'arrêter.

VI

Cependant, Anckarstroëm et ses complices avaient été emprisonnés, mais leur jugement traîna en longueur, et l'assassin vivait encore après les funérailles de la victime.

Gardé à vue dans sa prison, Anckarstroëm y lisait la Bible, et chantait même tout haut certains versets applicables à sa situation. Devenu plus fanatique encore par l'approche de la mort, qu'il voyait avec certitude, mais sans faiblesse, il puisa dans sa religion comme dans son caractère une fermeté et une audace qu'il devait conserver jusqu'à la dernière heure, au milieu des horreurs de son supplice.

Quand il sut que le roi n'était pas mort sur-le-champ, et qu'il éprouvait de cruelles souffrances, il eut un moment de sensibilité inattendue :

« Je voulais le tuer, et non le faire tant souffrir, » dit-il plusieurs fois.

Quelques jours après, entendant le canon qui annonçait la mort de Gustave, il fut comme soulagé et délivré de cet accès de remords ; il montra beaucoup de joie, et s'écria à diverses reprises :

« Dieu soit loué! Dieu soit loué! Je puis mourir! J'ai accompli mon devoir ; ma main a frappé juste! »

Le procès dura plus d'un mois. Anckarstroëm ne chercha pas à se défendre; il voulut seulement user de la liberté qui lui fut laissée d'écrire ou de parler comme il pouvait le désirer, pour exposer à sa manière les motifs de son crime. Il produisit devant ses juges un mémoire écrit (1), assez long, qui a été

(1) En voici quelques fragments curieux :

« En 1789, la violence exercée par le roi contre les membres de la Diète ne devait-elle pas soulever toute âme non glacée par

textuellement conservé, et dans lequel il explique sa conduite et son action comme juste et indispensable. Défense hardie, à coup sûr, habile même ! mais où la plupart des griefs accumulés étaient trop facilement réfutables. Puis, comme tous les utopistes destructeurs des pouvoirs régulièrement établis, Anckarstroëm signalait le mal, mais sans proposer le remède ; et il s'inquiétait peu de savoir, en tuant le roi qui laissait pour successeur un enfant d'à peine

l'égoïsme ?... Quand le roi vint à l'Assemblée pour lui arracher le consentement à ses actes, il était entouré d'une populace qu'il avait enivrée et qui remplit les rues de cris factieux... Cependant la majorité de l'Assemblée répondit par son refus ; mais le roi soutint que ses propositions avaient été acceptées. Plusieurs membres furent emprisonnés, sans qu'on sût leur crime... La confiance de la nation n'est aux rois que tant qu'ils en restent dignes par leur respect de la loi et de la liberté... Mon cœur s'est endurci quand j'ai vu se multiplier, avec les exils et les supplices, les impôts et les subsides, pour subvenir au luxe et aux voyages du roi... En présence d'un tel spectacle, je me suis demandé : Gustave III peut-il rester notre roi ? D'après ma conviction, cet homme est devenu un parjure ; il a cessé d'être roi ; entre la nation et lui, le pacte est rompu ; le roi Gustave est devenu ennemi public .. il a dû être permis à la main qui voulait s'armer, de repousser par la force la force qui menaçait la liberté. Après Noël, j'avais résolu de tuer le roi et de donner ma vie pour le bien public. Vivre malheureux dix ans de plus ou de moins n'était rien devant l'espoir de rendre le bonheur à mon pays. » (Voyez encore le travail déjà cité de M. A. Geffroy.)

quatorze ans, ce que la pauvre Suède allait devenir entre ses faibles mains !

Le 18 avril 1792, quelques jours après les funérailles de Gustave, le jugement fut enfin rendu. Il condamna à la peine de mort neuf personnes convaincues du crime ou de sa complicité. Puis on lut un arrêt du régent, lequel, au nom de Gustave IV, faisait grâce de la vie à huit des condamnés, et substituait à la peine capitale prononcée contre eux la prison pour les uns, le bannissement pour les autres.

Anckarstroëm seul fut condamné à la peine des parricides ; son supplice devait durer quatre jours, et il fut ordonné qu'il le subirait dès le lendemain.

Ce jour-là, en effet, 19 avril, des détachements de cavalerie vinrent chercher l'assassin à sa prison ; il fut placé dans une charrette et conduit au supplice, entouré de ses bourreaux. Il avait le visage calme, la contenance fière et en même temps résignée ; mais ses yeux lançaient des éclairs, et il regardait avec une sorte de haine et de mépris le peuple qui l'escortait en lui jetant à la face les plus terribles malédictions.

Au faubourg du Nord, la charrette s'arrêta, on

descendit le criminel, qui reçut quinze coups de verges et fut lié ensuite à un poteau où il resta exposé pendant deux heures, au milieu des cris d'une foule immense qui ne cessa de l'invectiver en lui reprochant son crime. Au-dessus de sa tête avait été attaché un écriteau où on lisait : « ANCKARSTROEM, ASSASSIN DU ROI. »

Le lendemain, 20 avril, il subit le même supplice, à la place du Riddarholm, devant la statue de Gustave-Wasa.

Le troisième jour, 21 avril, on l'exposa également sur la place de l'Opéra, où il reçut les quinze derniers coups de verges ordonnés par l'arrêt de sa condamnation. On le reconduisit ensuite dans sa prison, et on lui accorda cinq jours de repos avant de terminer son supplice. Enfin, le 27, on le mena au lieu des exécutions, situé hors de la ville.

Une multitude de gens de toutes classes, accourue même des provinces les plus éloignées, suivit son triste cortége. Un peu avant le supplice, Anckarstroëm se recueillit un moment, fit une dernière prière, regarda le ciel comme son suprême espoir, puis étendit courageusement le bras droit sur le billot ; d'un seul coup, le bourreau lui coupa la main. Il eut ensuite la tête tranchée. Son corps fut divisé en quatre morceaux qu'on cloua à des pieux fichés en terre; on fixa sa tête à un poteau, et au-dessous, sa main, celle qui avait tenu l'arme du crime, fut également attachée avec une inscription énonçant le nom du coupable et la cause de son supplice.

On laissa ces restes informes quelques jours exposés, et les oiseaux de proie en firent promptement justice; mais la police les fit bientôt enlever, parce que le parti des mécontents, ayant fait du lieu du supplice une sorte de pèlerinage, venait protester, par ses fréquentes et respectueuses visites, contre la mémoire du roi, et aussi contre l'arrêt qui avait condamné son assassin.

Et cependant tout ce sang versé devait être inutile, car, sous prétexte de délivrer sa patrie d'un tyran, Anckarstroëm venait de la plonger pour plus de vingt ans dans l'anarchie, les troubles et le désordre.

Les assassinats politiques ont à peu près tous produit ce même résultat. Le jour où les mécontents triomphent par le meurtre du prince qui gouverne, la partie saine du pays est dans le deuil et dans les larmes ; la ruine arrive, l'anarchie règne partout, et il se passe souvent bien des années avant que le calme soit rétabli.

Qu'on ne dise donc pas que le seul amour de la patrie inspire de tels crimes ! La main irréfléchie qui les accomplit ne frappe jamais que par haine d'un seul. Aux yeux du meurtrier, c'était un tyran ; sa mort en fait un martyr ! Il ne s'est pas préoccupé des secousses et des désordres qui devaient la suivre, et pendant que les uns pleurent la victime, que les autres la célèbrent, et que tous voudraient la voir vivre encore, celui qui l'a frappée, qu'il se nomme Ravaillac, Anckarstroëm, Damiens, Fieschi, Louvel ou Orsini, s'en va à la postérité, éternellement flétri du nom d'assassin !

L'EMPEREUR NAPOLÉON Ier

A SAINTE-HÉLÈNE

Le soin de sa dignité, le souci de son honneur, le respect de lui-même et du grand nom qu'il s'était fait dans l'histoire, le désir de conserver, jusque dans les formes mêmes d'une étiquette disparue avec sa puissance, les marques extérieures de sa grandeur passée, telles furent les préoccupations constantes de Napoléon pendant son exil.

Dès le jour où il mit le pied sur le navire anglais qui devait le conduire à Plymouth, Napoléon voulut plus que jamais être traité en empereur. Il avait abdiqué le pouvoir, mais il avait entendu conserver le titre impérial, que l'Angleterre lui retira en 1815 pour le lui rendre solennellement dans la tombe, alors qu'en 1840 elle restitua à la France la proie glorieuse qu'elle avait si peu dignement conquise.

Quand il se fut livré à elle, dans l'espérance de vivre libre dans la vieille Angleterre, sur cette terre classique de la liberté, et quand il sut que les égards qu'on avait eus d'abord pour lui, que les respects qu'on lui avait témoignés, que les honneurs et les hommages qu'on lui avait rendus, n'étaient qu'un piége, qu'une feinte, destinés à endormir momentanément sa vigilance et ses inquiétudes, le grand homme, semblable à un lion blessé, meurtri, mais terrible encore, se releva de toute sa hauteur pour jeter, comme un anathème éternel, à la face de son ennemi, la honte de son exil et l'opprobre de sa mort !

On le transporta vivant dans une cage de pierre dont le nom est désormais immortel : Sainte-Hélène !... Là, dans cette île inaccessible, sous une surveillance perpétuelle, entouré de soldats et de canons, placé sur un pic élevé, exposé à toutes les intempéries des saisons, on ne laissa pas même à ce prisonnier illustre la liberté de ses mouvements, et on le tua lentement en le privant d'exercice et d'air, en l'humiliant, en l'insultant, en l'abreuvant de tous les dégoûts et de toutes les injures.

J'ai lu avec soin les *Mémoires d'Hudson-Lowe*, et j'ai lu aussi bon nombre des écrits publiés à son sujet. Il faut reconnaître qu'il y a eu dans son fait une passion parfois un peu vive. Je ne veux pas dire qu'on l'ait calomnié, tant s'en faut! mais je trouve qu'on lui a fait beaucoup d'honneur en le jugeant capable d'avoir inventé, ou même seulement perfectionné, toutes les honteuses vexations qu'il a infligées à son prisonnier, pour le compte et au nom du ministère de son pays.

Quand Hudson-Lowe est mort, en 1844, il y avait vingt ans déjà que l'Europe n'était plus tenable pour lui. On l'appelait geôlier et bourreau partout où il se montrait; personne ne voulait servir sous ses ordres; on désertait les salles de spectacle quand il y paraissait; on l'invectivait enfin en tous lieux et de toutes façons, et il est mort fort malheureux à soixante-quatorze ans, ayant survécu vingt-trois ans à sa victime, et après avoir été témoin de son retour solennel et triomphal en Europe, pendant que lui était honni et conspué pour avoir trop fidèlement exécuté contre lui sa consigne !

En effet, Hudson-Lowe a pu, mieux que personne, méditer sur les prodigieuses vicissitudes par lesquelles passent les hommes et les choses de ce monde. Ce *Buonaparte* de 1815, ce *vagabond* du congrès d'Aix-la-Chapelle de 1819, celui qu'il n'appelait que *le Général*, car la préoccupation principale d'Hudson-Lowe était qu'on ne donnât jamais d'autre titre à son prisonnier ; celui-là même qu'il avait tenu pendant cinq ans dans ses mains, dans son pouvoir, et qu'il avait pu torturer à sa guise, voilà que tout à coup sa patrie, après avoir proscrit son nom comme elle avait proscrit sa personne et son génie, le traitait hautement et publiquement d'empereur Napoléon, autorisait son retour en Europe et lui faisait rendre elle-même des honneurs extraordinaires et inusités !...

Un an après sa mort, le fils d'Hudson-Lowe a publié les *Mémoires* de son père, intéressants à plus d'un point de vue, mais qui ne peuvent rien pour sa réhabilitation, car l'opinion générale qui s'est faite sur sa personne est à jamais établie et enracinée. Ils prouveront cependant à tout lecteur qui voudra bien les parcourir sans passion, qu'Hudson-Lowe n'était pas un méchant homme, mais bien un esprit étroit, routinier, inquiet, jaloux, fidèle à une consigne qu'il était si facile d'interpréter et de respecter en se respectant soi-même et en atténuant ses effets et ses mesures, mais, je le répète, incapable d'inventer toutes les mesquines vilenies qui lui étaient imposées et qu'il s'est cru obligé de commettre (1).

Au lieu de s'illustrer par ses égards pour la grande victime que l'Europe lui avait livrée, il a préféré s'immortaliser par une obéissance aveugle et maladroite dans l'observation du programme odieux qu'on lui avait tracé, et cela petitement, sans intelligence et sans pitié, craignant pour lui-même jusqu'aux reproches de son entourage, et se laissant exciter et influencer par des esprits encore plus vulgaires et plus étroits que le sien. Voilà

(1) Voyez dans les *Mémoires d'Hudson-Lowe* sa correspondance avec le ministère, ses ordres, les inqualifiables prescriptions qui lui avaient été faites, et la preuve, fournie par lui, qu'il a parfois eu honte de s'y conformer.

l'homme! Dans son intérieur, il est doux, aimant et même aimable; dans ses fonctions officielles, c'est un geôlier qui ne connaît que la lettre des ordres qu'il a reçus, et qui n'a pas compris le parti admirable qu'un homme de cœur et d'esprit aurait pu et dû tirer d'une aussi délicate et aussi enviable mission.

Dans l'île Sainte-Hélène, une seule habitation convenait et devait être offerte a Napoléon : c'était la campagne de Plantation-House, bien située dans une jolie vallée, et à l'abri des variations d'un climat perpétuellement changeant. Cette campagne, le gouverneur la garda pour lui; il se rafraîchit aux ondes pures de ses fontaines, il s'assit à l'ombre de ses arbres, au milieu de ses jardins, pendant que celui qui avait commandé à l'Europe manquait d'eau sur le plateau où on l'avait relégué, dans une baraque de planches mal jointes, et tour à tour brûlait sous le soleil ardent des tropiques, ou était glacé par les vents incléments de la mer!

C'est dans de tels lieux et en présence d'un tel homme que se trouva placé Napoléon. Comme on exigeait qu'il ne fût plus que *le Général*, il s'obstina à rester *l'Empereur*. On épia ses pas, ses promenades, ses distractions. Il aima mieux s'enfermer chez lui, au risque de mourir plus vite, ce que d'ailleurs l'Angleterre voulait, et jusqu'à sa dernière heure il fut toujours lui-même, grand, illustre, noble, généreux, supérieur à ses maux et à sa destinée, digne enfin, aux yeux du monde qui avait l'œil fixé sur lui, de son nom et de sa renommée.

Comme Anglais, Hudson-Lowe n'aimait pas Napoléon ; mais sa haine contre celui qui avait fait tant de mal à sa patrie, et dont la puissance et les victoires avaient si longtemps froissé l'orgueil britannique, s'accrut encore des sentiments de fierté et de dignité qu'il lui trouva, ainsi que du mépris que lui témoigna son prisonnier, lequel s'exhala, de la part de Napoléon, dans les termes les plus hautains et les plus humiliants.

L'Empereur le traita de sbire, de bourreau, de geôlier ; et comme Hudson-Lowe se retranchait derrière son gouvernement et ses ordres, s'en faisant comme un rempart pour mettre son honneur et sa responsabilité à couvert :

« Il est de ces fonctions, lui répondit Napoléon, qu'un homme d'honneur n'accepte pas sans se flétrir à jamais, et les gouvernements connaissent bien ceux qu'ils en chargent!... »

« Cet homme, dit Hudson-Lowe, avait la constante habitude de me prodiguer des épithètes qu'aucun gentleman ne peut s'entendre appliquer sans que tout son sang bouillonne! (1) »

Ce sentiment de sa dignité, Napoléon le portait en toutes choses. Sept fois il put tenter de s'enfuir de Sainte-Hélène, sept fois des chances diverses d'évasion lui furent proposées; mais il les repoussa toutes, pour beaucoup de raisons bien graves à ses yeux : d'abord, parce que sa fuite était subordonnée à l'emploi de tels moyens, qu'en cas d'insuccès, l'empereur Napoléon eût été trouvé dans une situation et dans un costume qui eussent prêté matière à la risée publique et jeté le ridicule sur sa personne; parce que aussi rien ne lui prouvait que les propositions faites n'étaient pas des piéges à lui tendus par Hudson-Lowe pour le mettre précisément dans cette situation qu'il redoutait, afin de l'abaisser et de l'humilier aux yeux des siens et du monde entier.

(1) *Mémoires d'Hudson-Lowe*, tome III, page 322.

Il lui sembla encore que quitter ce rocher où tous les regards le suivaient, et où ses fidèles le savaient, c'était s'amoindrir, se faire oublier et renoncer pour toujours aux chances du seul retour en Europe qu'il jugeât digne de lui; car l'espoir, l'unique chose de ce monde qu'on ne perde jamais, était demeuré encore au fond de son âme, et il ne cacha pas ce sentiment devant les compagnons de son exil, en refusant les plans d'évasion qui lui étaient offerts :

« Non, dit-il mélancoliquement, je ne puis ni ne veux quitter ma prison, que si la France elle-même vient m'y chercher!... »

Et cependant ces plans avaient des moyens sérieux de réussite. Les uns furent proposés gratuitement par des admirateurs du grand homme et de son génie, les autres par de hardis spéculateurs qui ne demandaient pas moins d'un million pour arracher le prisonnier à ses chaînes. Mais, pour réaliser ces divers projets, il eût fallu que, dans l'un, l'Empereur prît le costume bizarre d'un des Chinois qui le servaient; dans l'autre, il se serait laissé enfermer dans un tonneau qu'on eût transporté sur le navire destiné à favoriser sa fuite. Dans celui-ci il était obligé de mettre une perruque, une fausse barbe, un costume d'homme de service, et de gagner la côte à pied, pendant qu'un mannequin placé dans son lit jouerait la maladie et tromperait ainsi l'officier anglais chargé de constater chaque jour, *de visu*, la présence du prisonnier à Longwood. Enfin, dans un quatrième projet, il devait même revêtir l'uniforme militaire britannique, et, qui plus est, fuir sur un navire de la Grande-Bretagne, ce qui eût sans doute été très-pittoresque!...

Tous ces travestissements et ces subterfuges répugnèrent à sa dignité et à sa sûreté; il refusa positivement toute tentative de fuite, parce qu'il ne voyait que deux moyens honorables de briser ses fers : un départ éclatant, libre, entouré des honneurs auxquels il avait droit, ou, comme suprême délivrance, celle qui ne pouvait certainement pas lui échapper, la mort, qui seule en effet lui procura le retour grandiose et solennel qu'il avait rêvé.

En 1818, un jeune major de l'armée anglaise, Édouard Hutchinson, fut envoyé à l'état-major d'Hudson-Lowe. C'était un homme d'un caractère doux et aimable, d'un esprit distingué et moins prévenu que celui de ses compatriotes contre le grand homme, et qui ne se gêna pas pour lui montrer sa sympathie et son respect en diverses circonstances. En outre, le major était lettré. Revenu dans son pays, il quitta le service et put alors, sans danger, publier à Londres, pour lui et pour ses amis, une relation de son séjour à Sainte-Hélène (1), dans laquelle il blâme, avec une indépendance vraiment courageuse et héroïque pour le temps où elle fut écrite, les actes de son gouvernement et la conduite d'Hudson-Lowe, pour qui il avait fort peu de sympathie.

« Je n'ai pas compris, dit-il dans la préface de sa brochure, l'insistance de mon pays à appeler général celui qui fut si clairement durant dix années l'Empereur incontesté de la France. Il est certain que cette prétention n'ôte rien à sa grandeur, et qu'on a pu pendant six ans l'appeler général tant qu'on a voulu, sans que, pour le monde et la postérité, il ait jamais perdu son glorieux titre. Mais

(1) *Three years at Saint-Helena, during the detention of the Emperor Napoleon; a detailed account by Edward Hutchinson, London*, 1822. Imprimée aux frais de l'auteur et sans nom d'éditeur, cette relation n'a pas été mise en vente, ni traduite.

cette même insistance a jeté sur le ministère et sur la nation un blâme justement mérité. »

Et plus loin :

« Je ne raconterai que ce que j'ai vu ; je ne serai pas toujours d'accord avec sir Hudson-Lowe, mais il ne faut pas inférer de là que je me trompe ou sciemment ou involontairement, mais bien que l'ex-gouverneur de l'île de la Compagnie (1) a eu de bonnes raisons pour dérober ou dénaturer des faits qui, malheureusement pour sa réputation, sont déjà, après si peu de temps, acquis pour toujours à l'histoire. »

Le major eut l'honneur de voir Napoléon et de lui parler :

« Ma première pensée, en arrivant dans l'île, fut de chercher à apercevoir le héros, que je n'avais jamais vu. Je cachai mon projet à sir Hudson-Lowe, et je profitai d'une après-midi où il y avait réception de jour chez lady Lowe, pour tenter de voir l'Empereur. Je fus mal payé de ma peine ; Napoléon ne sortit pas, ou du moins il sortit à pied et ne vint

(1) La Compagnie des Indes, qui possédait l'île Sainte-Hélène, l'avait cédée au gouvernement pour tout le temps de la détention de Napoléon.

pas assez loin pour que je pusse me trouver sur son chemin. Je fus plus heureux le lendemain, car, ce jour-là, ne le cherchant pas, je rencontrai sa voiture qui allait au pas, pendant que Napoléon marchait à pied, causant avec un personnage que je sus depuis être Montholon.

« En l'apercevant, malgré moi, machinalement, poussé par tout autre sentiment que celui d'une banale politesse, je saluai, et, saisi d'une profonde et respectueuse émotion, je m'inclinai. Il me rendit mon salut et passa lentement. Je relevai la tête, et je vis son visage qui était si bien tourné vers moi que je ne perdis rien de ses traits.

« Qu'on l'a mal jugé chez nous, et que les faiseurs de portraits, soit par le crayon, soit par la plume, ont été mensongers et calomniateurs ! Les soi-disant reproductions que j'ai vues à Londres de son beau visage en faisaient une figure dure et repoussante ; on y avait mis de la barbarie et de la férocité, de telle sorte que ses portraits étaient plutôt ceux d'un brigand quelconque, portant sur sa face la trace de ses crimes, que celui d'un héros, dont la physionomie est si douce et à la fois si imposante et si noble.

« Nos journaux disaient aussi que Napoléon était un parvenu sans éducation, sans manières, une sorte de bête fauve née avec l'instinct du désordre, du pillage et du sang. J'ai eu l'honneur de converser trois fois avec lui, et je me suis convaincu que nos journaux ne savaient pas (ou peut-être savaient trop bien !) ce qu'ils disaient.

« Comme j'étais resté en place pendant qu'il passait, Napoléon se tourna de mon côté :

« Êtes-vous, me fit-il demander en anglais, un « des officiers chargés de la surveillance de ma « promenade ?

« — Non, sire, lui répondis-je en assez médiocre « français.

« — Vous savez le français ?

« — Assez mal.

« — Vous ignorez donc les prescriptions du « gouverneur ? Pour tout le monde je ne dois être « ici que le général Bonaparte.

« — Dans mes fonctions, sire, la discipline « m'empêcherait de vous donner un autre titre ; « mais je ne suis pas en ce moment de service, et « je crois pouvoir...

« — C'est bien, fit-il en m'interrompant vive-

« ment. Je suis heureux de voir qu'il ne vous a pas « corrompus tous. »

La conversation est ensuite assez longuement racontée, mais elle ne donne pas de détails nouveaux ; l'Empereur y parle de ses griefs contre l'Angleterre, contre ses ministres et contre Hudson-Lowe. C'est là le thème invariable des trois conversations dont il voulut bien honorer Hutchinson.

« Je me gardai bien de faire part de ces rencontres au gouverneur, ajoute le major ; il m'aurait signalé à lord Bathurst, et il eût pu m'arriver malheur. Je me bornai à dire, un jour, à table, devant lady Lowe, que le bruit courait dans l'île que le général était fort mal traité. Sa nourriture, disait-on, était mauvaise et parfois insuffisante, et son habitation malsaine, parce qu'elle était située dans un des plus mauvais endroits de l'île.

« Qu'avez - vous donc ? me dit le gouverneur « en me regardant d'un certain œil soupçonneux « et menaçant. Est-ce, par hasard, le maréchal « Bertrand qui vous a dit ces belles choses ?

« — Non, répondis-je, mais on en parle beau- « coup à James-Town, et nos officiers le disent « même assez haut.,

« — C'est bien ! j'aurai soin qu'ils se taisent. Puis-
« je faire que les Tuileries viennent à Sainte-Hé-
« lène? Que lui faut-il donc? Ne coûte-t-il pas
« assez cher à notre gouvernement? Et d'ailleurs
« l'ennemi de notre patrie et du monde mérite-t-il
« qu'on s'apitoie ainsi sur son sort? »

La mort prochaine de Napoléon devait débarrasser Hudson-Lowe de ses inquiétudes et de ses craintes.

Quand il fut certain que l'Empereur allait mourir, le gouverneur exigea l'installation à Longwood du docteur Arnott, médecin attaché à l'un des régiments en station dans l'île. Celui-ci dut envoyer plusieurs fois par jour au gouverneur les bulletins de santé de l'auguste malade. On les retrouve en partie dans les mémoires d'Hudson-Lowe.

Voici le bulletin que reçut le gouverneur le 4 mai 1821 au soir :

« 9 heures

« Le malade est profondément endormi ; il paraît mieux qu'il y a deux heures : le hoquet a cessé, la respiration est facile, et dans le cours de la journée il a pris une quantité de nourriture considérable pour une personne dans son état. »

Le lendemain, 5 mai, au matin, Hudson-Lowe accourt à Longwood, où il trouve, en l'absence d'Arnott, le bulletin suivant, écrit au crayon :

« 7 heures du matin.

« Il est fort mal; Montholon désire que je lui voie rendre le dernier soupir; mais la mort n'est pas encore imminente. »

Alors le gouverneur veut entrer, il veut voir le général, s'assurer par lui-même qu'il ne lui manque rien. On parvient difficilement à le retenir; il retourne en toute hâte et furieux à Plantation-House, où, de midi à six heures, se succèdent les bulletins du docteur Arnott :

« 3 heures.

« Le pouls est actuellement insensible au poignet; la chaleur quitte la surface; il peut durer encore quelques heures. »

« 4 heures 35 minutes.

« Il est au plus mal ; la respiration est plus précipitée et plus difficile. »

« 5 heures 49 minutes.

« Il vient d'expirer à l'instant. »

Onze minutes après, Hudson-Lowe recevait ce bulletin suprême.

Le 6 au matin, le gouverneur, entouré d'un nombreux état-major, vient visiter le corps de l'Empereur. Il était étendu sur son lit de camp, revêtu de l'uniforme populaire et traditionnel, enveloppé dans le manteau qu'il portait à Marengo.

« Hudson-Lowe, dit encore Hutchinson, resta quelques minutes en contemplation devant le corps, semblant y chercher un reste de vie, paraissant, en quelque sorte, douter que l'œuvre qu'il avait accomplie fût si bien et si sûrement terminée, et se demandant peut-être si une mort simulée n'était pas un dernier piége tendu à sa crédulité.

« En sortant, il se tourna vers nous :

« Messieurs, dit-il avec importance et emphase,

« c'était le plus grand ennemi de l'Angleterre et de « moi ; mais je lui pardonne (1) ! »

Napoléon ennemi d'Hudson-Lowe ! pardonné par Hudson-Lowe ! Quel rapprochement !

Un témoin de l'autopsie, qui fut faite immédiatement après la mort, raconte que « le visage avait une expression remarquable de sérénité, annonçant une grande bonté et une grande douceur de caractère.

« Son corps portait les traces de trois blessures : un coup de pique à la tête, qu'il avait reçu au siége de Toulon ; deux balles mortes, l'une en Italie, l'autre à Ratisbonne.

« Le cœur fut placé dans un vase d'argent rempli d'esprit-de-vin, lequel fut scellé avec un schelling d'argent à l'effigie de George III.

« L'estomac fut, également dans de l'esprit-de-vin, enfermé, à défaut d'autre vase, dans une poivrière de l'ancien service de table impérial.

« Il y eut ensuite exposition publique de son corps. Tous ceux qui passèrent devant l'Empereur

(1) J'ai trouvé également ce mot incroyable rapporté dans les *Mémoires d'Hudson Lowe* par l'annotateur de la dernière édition.

mort s'écrièrent après l'avoir vu : « Quels traits « magnifiques ! quelle beauté antique et sévère ! « quelle noblesse ! »

Le 9 mai, on fit à l'Empereur de magnifiques funérailles.

« Elles furent fort imposantes, dit Hutchinson ; c'était plus qu'un général qu'on menait à sa dernière demeure, sir Hudson-Lowe l'a bien vu ! Tout le monde était sur pied, ému, comprenant bien quelle grandeur venait de finir et quel grand homme nous conduisions au tombeau ! Peut-être le gouverneur fut-il obligé de se l'avouer aussi à lui-même, car il fut fort pâle pendant la cérémonie, et son visage n'eut pas un moment son expression habituelle, dédaigneuse et hautaine.

« Cependant, comme on travaillait à la maçonnerie de clôture du tombeau (1), tout le monde se

(1) Voici les lieux de sépulture des princes et princesses de la famille Bonaparte :

1° BONAPARTE (Charles), mort et enterré à Montpellier (1785), a été ramené à Saint-Leu-Taverny ;

2° MADAME MÈRE (Lætitia), morte à Rome (1836), inhumée d'abord à Corneto, a été transportée, après 1848, à Ajaccio, dans le magnifique tombeau de famille élevé récemment pour les Bonaparte ;

3° Le cardinal FESCH, mort à Rome (1838), frère de Madame

précipita sur les arbres qui l'environnaient, pour arracher des feuilles, que chacun voulait conserver comme reliques :

« Qu'on les chasse! s'écria Hudson-Lowe, sorti « de sa rêverie. Les voyez-vous abîmer ces beaux « arbres! Pauvre général, il aimait tant leur om-

Mère, d'abord enterré à Rome dans l'église de Saint-Laurent in Luciano, a été également transporté à Ajaccio;

4° JOSEPH, mort en 1844, enterré d'abord à Florence dans l'église Santa-Croce, a été ramené en France, et déposé aux Invalides en 1862;

5° LUCIEN, mort à Viterbe (1840), est inhumé dans l'église de Canino;

6° LOUIS, mort en 1846 à Florence, déposé d'abord dans l'église de Santa-Croce, a été, depuis 1848, rapporté à Saint-Leu-Taverny;

7° JÉRÔME, mort en 1860, est inhumé dans la chapelle Saint-Jérôme, aux Invalides, à gauche du tombeau de l'Empereur. On trouve également dans cette chapelle le tombeau de son fils aîné et l'urne renfermant le cœur de la reine Catherine, deuxième femme de Jérôme;

8° ÉLISA, morte à San-Andrea (1820), est enterrée à Trieste;

9° PAULINE, morte à Florence (1825), a été transportée dans l'église de Sainte-Marie-Majeure, à Rome;

10° CAROLINE, reine de Naples, morte en 1839, est inhumée au Campo-Santo, à Bologne;

11° Le prince EUGÈNE, mort à Munich (1824), y a été enterré;

12° L'impératrice JOSÉPHINE, morte en 1814, est inhumée à Rueil;

« brage! » ajouta-t-il avec une pointe de sensibilité aussi inattendue qu'inutile. »

Après les funérailles, le gouverneur retourna à Longwood pour faire la visite des appartements de l'Empereur.

« Sur sa table il se trouva deux tabatières d'or. L'une était recouverte d'un large camée représentant un bouc tondant un cep de vigne et portant un faune. Au fond de la tabatière était une carte; sur un côté on lisait, écrit de la main de Napoléon : *Donné par Pie VII, à Tolentino* (1797); sur l'autre : *L'Empereur à lady Holland* (1). *Témoignage*

13° La reine HORTENSE, morte en 1837, repose auprès de sa mère;

14° NAPOLÉON II, mort en 1832, dort à Vienne, dans les caveaux de la famille impériale d'Autriche;

15° MARIE-LOUISE, morte en 1847, a été également inhumée dans ces mêmes caveaux;

16° Enfin NAPOLÉON Ier repose, comme chacun sait, aux Invalides. On lui édifie, dit-on, un magnifique mausolée à Saint-Denis, qui sera là surtout pour mémoire, et comme tombe chronologique, car il est peu probable qu'on y transporte jamais ses cendres.

(1) Lord et lady Holland furent, à Londres et en Europe, les plus ardents défenseurs de Napoléon. Lady Holland était indignée des traitements qu'on lui faisait subir; elle excita constamment son mari à les signaler et à les flétrir au parlement. Elle osa plus encore : moyennant de grosses sommes d'argent, elle fit

de satisfaction et d'estime. La seconde tabatière était destinée au docteur Arnott.

« Le 11 mai, il y eut à Longwood exposition publique de tous les effets qui avaient appartenu à Napoléon. Sa garde-robe était aussi mal composée que possible; on y voyait de vieux habits, de vieux chapeaux et des pantalons en fort piteux état. L'Empereur détestait les vêtements neufs; quand il avait porté pendant quelque temps ses nouveaux habits, il en était comme gêné et les quittait presque aussitôt pour reprendre les anciens. »

En France, la nouvelle de sa mort trouva d'abord beaucoup d'incrédules. Les journaux, d'ailleurs, eurent à peine le droit d'en parler, et le *Moniteur*, qui l'annonça le premier, ne se permit de le faire qu'en quelques lignes, perdues au milieu d'insignifiants commérages de cour. Cette mort ruina momentanément en France le parti bonapartiste, Napoléon II étant alors trop jeune pour servir déjà de

insérer dans les principaux journaux de Londres une série d'articles très-virulents contre le ministère, et dans lesquels les maux soufferts par le grand exilé étaient retracés et dépeints avec une vigueur peu commune. Mais tous les efforts de cette noble femme devaient échouer, et le ministère Bathurst avait encore de longues années à vivre !

point de ralliement. Les souverains de l'Europe tressaillirent d'aise ; car, même après sept ans d'exil, ils redoutaient encore le trouble-fête impérial, et la nouvelle de son retour, fausse ou vraie, les eût tous, comme autrefois, bouleversés sur leurs trônes.

Quant à Marie-Louise, cette femme indigne de Napoléon et de la France, aimée du comte de Neipperg, général agréable, chambellan assidu, à qui la cour d'Autriche donna, dit-on, la mission hélas ! facile, de faire oublier ses devoirs à l'ex-impératrice, il paraît qu'en apprenant la nouvelle qui la faisait veuve, elle eut comme un vague et passager souvenir d'avoir peut-être, jadis, épousé Napoléon ; car on lit dans la *Gazette officielle de Parme* (juillet 1821) :

« S. A. I. l'archiduchesse Marie-Louise a daigné prendre le deuil, et l'a fait prendre à toute sa maison ducale. »

JOURNAL INÉDIT

DE LA

MORT DU ROI LOUIS XVIII

PAR MADAME LA PRINCESSE

ADÉLAIDE D'ORLÉANS (1)

Ce curieux morceau, qu'il suffira de lire pour n'en pas mettre en doute la complète authenticité, a été copié, parmi plusieurs autres d'un intérêt moindre, dans un manuscrit trouvé aux Tuileries le 24 février 1848. La transcription qu'on nous en communique, faite à la

(1) Cette relation a été publiée pour la première fois, par M. Édouard Fournier, dans la *Revue des Provinces* (livraison du 15 septembre 1865), avec les annotations qui l'accompagnent.

hâte, par une personne peu experte à la lecture des écritures difficiles, comme l'était celle de Mme Adélaïde, était fautive pour un certain nombre de noms. Nous les avons rétablis de notre mieux. Pour d'autres, plus illisibles à ce qu'il paraît, se trouve un blanc, que nous n'avons pu malheureusement remplir. Mais les noms sont peu de chose ici; tout l'intérêt est dans les détails et le mouvement du récit.

Depuis Saint-Simon décrivant les derniers moments de Louis XIV, et M. de Liancourt nous faisant le tableau de l'agonie de Louis XV, jamais mort de roi, la seule qu'aient vue les Tuileries, n'a été plus dramatiquement racontée, heure par heure, minute par minute.

C'est à Eu, où se trouvait alors la famille d'Orléans, que commence le récit.

« Lundi, 13 septembre 1824.

« Ce matin, à cinq heures et demie, je dormais profondément (ayant été agitée toute la nuit et réveillée par le cri d'une chouette), lorsque mon frère et ma sœur entrèrent dans ma chambre et me dirent qu'il venait d'arriver une estafette de Paris, de la part de Monsieur, mais que, le paquet étant adressé au directeur de la poste d'Eu, il avait renvoyé l'estafette avec le paquet chez lui pour le faire ouvrir. Nous attendîmes fort longtemps ; enfin le directeur arriva avec la lettre de Monsieur pour mon frère. En voici la copie ; l'adresse était :

A mon cousin M. le duc d'Orléans, à la ville d'Eu.

« Paris, 12 septembre, deux heures après-midi.

« La faiblesse du Roi est tellement augmentée « depuis hier, mon cher cousin, que je me trouve « dans la pénible nécessité de vous envoyer une « estafette, et de vous engager à revenir le plus tôt « qu'il vous sera possible, sans nuire cependant à « la santé de votre femme et à celle de votre sœur. « Plaignez-moi, mon cher cousin, j'ai le cœur dé- « chiré ! mais j'espère que Dieu me donnera les « forces dont j'ai, et dont, hélas ! j'aurai tant de « besoin. Je ne vous dis rien de plus, pour hâter « le départ de ma lettre. Vous connaissez depuis « longtemps mon ancienne et constante (sans doute

« *amitié*, mais il est écrit ainsi) pour vous et pour « toute votre famille.

« Signé : CHARLES-PHILIPPE. »

« Notre première décision était de partir ensemble ; mais, ne pouvant avoir pour ce premier moment que six chevaux, il fut décidé que mon frère partirait tout de suite dans la voiture de la duchesse, Mme de Chabot, Athalin et Whyte. Nous déjeunâmes à sept heures, et, à sept heures et demie, mon frère est parti avec un messager et Jeannot sur le siége. Ma sœur et moi nous avons fait nos préparatifs et nos comptes de dons avec M. Du Authier (1) ; je lui remis ce qui suit :

300 fr. pour les incendiés du bourg d'Eu.
150 pour les pauvres d'Eu.
200 pour les sœurs de l'hospice de Griel.
30 à... le concierge.
15 pour son fils.
15 au portier.

(1) Le vicomte Du Authier était premier gentilhomme de Mademoiselle d'Orléans.

10 au facteur.
20 à la femme qui a fait ma chambre.

Total : 740 fr.

« A neuf heures et demie, nous allâmes à la messe, où nous trouvâmes Mme Alexandre Estancelin et sa fille ; en revenant, nous reçûmes le maire, M..., M. Henry Charles, toutes les autorités et les sœurs de l'hospice de Griel, dont l'une est amie de la sœur Élisabeth de mon hospice.

« Je fis mes adieux au petit... de Chabot, qui part demain par Dieppe pour l'Angleterre. A dix heures et quart, accompagnées de tous les enfants qui doivent partir demain à six heures et demie du matin avec Mmes de Mallet, toutes les autorités étant là, nous montâmes en voiture, ma sœur et moi, dans l'*espagnole*. Ma voiture avait M. Anatole de Montesquiou (1), la femme de chambre de ma sœur, Laubri et Soult, deux valets de pied pour courriers. Nous arrivâmes à Valines, première poste après Eu, à midi et quart ; nous y trouvâmes un petit billet de Chabot pour M. de Montesquiou, qui

(1) Il était depuis un an chevalier d'honneur de la duchesse d'Orléans.

nous raconta qu'ayant été autrefois chez Mlle Lenormand pour se faire dire la bonne aventure, elle lui prédit beaucoup de choses qui lui étaient arrivées depuis, et qu'il ferait une grande fortune et deviendrait l'ami d'un grand roi. Comme à cette époque il n'était nullement bien avec la cour, il crut qu'elle voulait parler du roi de Rome et il le lui dit ; elle répondit : « Non, ce ne sera d'aucun membre de la famille de l'Empereur, mais d'un roi de France. » Cette idée à chaque occasion lui revient ; il est sûr que c'est très-singulier.

« Nous arrivâmes à Abbeville à deux heures ; à Airaine, charmante auberge, à trois heures ; à Lomp, à quatre heures et quart. Nous dînâmes en voiture sans nous arrêter ; nous rencontrâmes sur la route deux courriers, un du gouvernement, et un du commerce. Nous étions convaincus que le Roi était mort. Partout nous demandions les nouvelles, on ne savait rien. Nous fûmes à cinq heures à Grandvilliers, à six heures et demie à Marseille et à Beauvais. Là, on dit à M. de Montesquiou qu'après le départ du courrier on avait mis un crêpe sur le drapeau blanc et que certainement le Roi était mort. De Beauvais à Noailles je descendis à la poste et je demandai à la maîtresse de poste s'il y avait quelques nouvelles de Paris ; elle me dit d'abord non, puis après : « Non, pas d'autres que celles que le « courrier a laissées en passant, que le Roi est mort. » Il m'a paru que cela lui faisait peu d'effet, et surtout cela en faisait fort peu sur toute la route. De Noailles à Puiseux et de Puiseux à Beaumont, nous avons passé dans un village nommé Chably, je crois (1), où il y avait une soirée sous les arbres au bord de la rivière : c'était très-joli. De Beaumont à Moiselles, et de Moiselles à Saint Denis, où nous avons trouvé une lettre de mon frère qui nous mandait « qu'il avait été chez Monsieur à onze heu-« res et demie, qu'il lui avait dit que le Roi avait « reçu le matin un sacrement, qu'il lui avait donné « sa bénédiction, et qu'après il leur avait dit : « Adieu, mes enfants, allez-vous-en. » A cette cérémonie étaient (de la famille) Monsieur, Madame, M. le duc d'Angoulême et Mme la duchesse de Berry.

« Nous sommes arrivés à Neuilly à trois heures trois quarts du matin. Mon frère, Mélanie et

(1) C'est Chambly, entre Puiseux et Beaumont.

M. Athalin sont venus nous recevoir ; nous sommes entrés dans le salon, et alors mon frère nous a redit verbalement que Monsieur avait été très-obligeant, et qu'il lui avait dit : « Vous ne demandez sûrement « pas à voir le Roi à présent, d'ailleurs il ne voit « plus personne; depuis qu'il nous a dit adieu, nous « ne nous montrons plus à lui. » En effet, depuis ce moment-là il n'a plus demandé personne et n'a rien dit (1). Ce qu'il y a d'inconcevable, c'est qu'on ne savait comment annoncer et déterminer le Roi à recevoir un sacrement; personne n'osait lui en parler. Enfin, voyant le danger pressant, on s'est adressé pour cela à Mme Du Cayla, qui s'est chargée de la commission ; elle a été chez lui et a d'abord pris une manière détournée pour le lui dire; il l'a très-bien comprise et a paru (dit-elle), dans le

(1) Ceci se rapporte mieux avec la lettre que Ch. Briffault avait cru devoir écrire, comme secrétaire du roi, au rédacteur de la *Gazette de France*, le 15 septembre 1824 : « Peu de mots « sont sortis depuis deux jours de la bouche de Sa Majesté, et « quelques-uns de ceux qu'on lui attribue dans les journaux « sont complétement inventés » Dans le nombre était le prétendu mot d'ordre : *Saint-Denis, Givet*, que Louis XVIII aurait donné la veille de sa mort au commandant du château, et qu'on n'a pas craint de répéter partout, notamment dans un article de la *Revue de Paris*, du 28 mars 1841, p. 253.

premier moment, un peu troublé; puis il s'est remis et lui a dit : « Eh bien, mon enfant, je le ferai; « adieu, de ce moment, je ne vous reverrai plus (1). » Elle rentra chez elle, et est partie tout de suite pour Saint-Ouen. La voiture de mon frère cassa à son arrivée à Paris, à la Chaussée-d'Antin ; il prit un fiacre qui passait et se rendit avec au Palais-Royal, où il prit une voiture pour aller chez Monsieur.

« Mardi, 14 septembre 1824.

« Nous comptions aller à deux heures savoir des nouvelles du Roi ; mais, pendant que je m'habillais pour cela, mon frère vint me chercher, en me disant que le Roi nous faisait demander, et nous partîmes en toute hâte. En arrivant aux Tuileries, nous trouvâmes une foule énorme dans la cour du château et beaucoup de voitures ; tous les hommes de la cour dans la galerie de Diane, où nous passâmes pour entrer chez le Roi. On nous fit entrer dans le cabinet avant la chambre à coucher. La porte de sa chambre était ouverte ; il y avait dans ce cabinet,

(1) On sait que la comtesse Zoé du Cayla avait été, autant qu'on pouvait l'être, la favorite de Louis XVIII.

quand nous entrâmes, le prince de Talleyrand, le prince de Castelcicala, comme ambassadeur de famille (1), et un aumônier de la chapelle du Roi. Monsieur, Madame et M. le duc d'Angoulême sortirent tout de suite de la chambre du Roi. Monsieur nous embrassa en pleurant, et nous dit : « Il est « bien mal, mais la crise, pour le moment, est pas« sée ; mais tout à l'heure on croyait que c'était la « fin, les médecins nous ont fait appeler alors (2). » Mme la duchesse d'Angoulême nous dit : « Il ne se « croit pas aussi mal qu'il l'est, car tout à l'heure, « quand on lui a offert de faire les prières des ago« nisants, il a répondu très-ferme et d'une voix « très-forte : « Non, non, je ne veux pas, je n'en « suis pas encore là. » Alors on lui a envoyé son confesseur lui parler, il les a laissés faire (3).

(1) Il était ambassadeur extraordinaire du roi des Deux-Siciles.

(2) Les médecins qui signèrent les bulletins de la santé du roi, à partir du 12, sont : Portal, Alibert, Montaigu, Distel, Dupuytren et Thévenot.

(3) On lit en effet dans le *Moniteur* : « 14 *septembre, deux* « *heures après midi* : Il a été récité dans la chambre de Sa Ma« jesté, en présence de la famille, les prières des agonisants et de « la recommandation de l'âme, que le roi a entendues avec toute « sa connaissance. »

« J'avoue que ce détail m'a fait mal. Sans assurément aucune tendresse ni aucun sentiment particulier pour le Roi, bien loin de là, il me fait pitié ; pourquoi, une fois qu'il a reçu les sacrements, qu'il a rempli ses devoirs et donné l'exemple, le tourmenter par ces prières? On pouvait les lui faire tout bas, elles étaient assurément aussi bonnes pour son âme. Mme la duchesse de Berry était aussi là. Il y avait en gentilshommes de la chambre, qui allaient et venaient de la chambre dans le cabinet où nous étions : le duc de Duras, le duc d'Aumont, M. de Boigelin, Charles de Damas, le duc de Blacas, qui était vraiment très-affecté. Dans la chambre du Roi, il y avait les médecins, le grand aumônier, d'autres aumôniers et son confesseur. On nous proposa d'entrer dans la chambre. Monsieur, M. le duc d'Angoulême, Madame, Mme la duchesse de Berry entraient et sortaient. Madame nous dit : « Il n'y « voit pas, cela ne fait rien d'entrer. » Je lui demandai s'il lui avait parlé ; elle me dit : « Non, pas « du tout, depuis qu'il a reçu les sacrements, il « nous a dit adieu à tous, je ne me suis pas approchée, et il ne m'a rien dit de particulier; il n'a pas « même demandé à voir les enfants de la duchesse

« de Berry, il n'en a pas parlé et il ne dit rien à « personne. » J'allai à la porte de sa chambre et je le vis très-bien. Il avait le visage très-enflé et rouge ; il avait l'air de regarder du côté de la porte où j'étais ; Charles de Damas était à ce moment assis un peu derrière le lit, à la tête. Alibert, son médecin, et Dupuytren, sortirent de la chambre et dirent qu'il avait la fièvre très-fort, et que cela le prolongerait encore. Alors, Monsieur nous demanda ce que nous ferions ; nous lui dîmes que nous restions au Palais-Royal, où nous serions à ses ordres ; il nous invita à dîner, ainsi que M. le duc de Bourbon, qui était aussi là. Il s'en alla avec mesdames les duchesses d'Angoulême et de Berry et le duc d'Angoulême. Nous retournâmes au Palais-Royal.

« A six heures moins un quart, nous retournâmes aux Tuileries pour dîner. Nous entrâmes dans le même cabinet, auprès de la chambre du Roi, par la galerie de Diane, où il n'y avait plus personne. Monsieur, M. et Mme la duchesse d'Angoulême et Mme la duchesse de Berry, arrivèrent peu d'instants après. Le Roi était calme et toujours dans le même état. Nous passâmes pour dîner, de ce même salon auprès du cabinet du Roi, dans la salle à manger :

le couvert du Roi mis, tout son service là comme s'il allait venir dîner, seulement son couvert était voilé. Mme la duchesse d'Angoulême se mit à la droite de ce couvert, et Mme la duchesse de Berry à gauche; Monsieur à côté de Mme la duchesse d'Angoulême, ma sœur de l'autre côté, et mon frère à côté de sa femme; M. le duc d'Angoulême auprès de Mme la duchesse de Berry, et moi entre lui et M. le duc de Bourbon; enfin tout était et se passait comme si le Roi était là. Je ne puis dire l'impression que me fit ce couvert mis, cette place vide, et la pensée que ce malheureux Roi était mourant dans la chambre à côté de nous. On parla de choses et d'autres pendant le dîner, mais chacun dans son coin; la conversation ne fut point générale.

« En sortant de table, nous retournâmes dans le cabinet auprès de la chambre du Roi. Les médecins allaient et venaient, et quand ils sortaient l'on demandait : « Est-ce que cela se prolongera longtemps? » Ils répondaient : « Nous ne pouvons pas « savoir, mais cela n'est pas immédiat. » J'avoue que j'étais surprise du ton et de la manière dont se faisait cette question. Nous entendîmes ce malheureux Roi tousser; je demandais s'il avait sa connaissance,

Alibert me dit : « Oui, par moment; et quand on « fixe son attention, il donne des signes de con- « naissance. Quand nous approchons, il donne son « bras pour lui tâter le pouls ; quand on lui donne « à boire, il dit : « C'est assez, » quand il n'en veut « plus; mais, sans cela, il ne parle pas, ni ne donne « aucun signe de vie. » Il est certain qu'il fait preuve de courage, de résignation ; il est d'un grand calme.

« A huit heures et demie, nous nous en allâmes tous, les princes chez eux, et nous au Palais-Royal. Monsieur dit que s'il y avait quelque chose, il nous ferait appeler. Il dit à mon frère que son projet était de partir pour Saint Cloud, tout de suite après la mort du Roi, qu'il nous recevrait à Saint-Cloud dès les premiers jours sans cérémonie, comme les visites de cœur, et le lendemain en cérémonie avec ses enfants.

« Mercredi, 15 septembre 1824.

« Le matin, à cinq heures moins un quart, nous avons été réveillés et appelés en toute hâte pour aller chez le Roi. A peine ai-je eu le temps de passer une robe, tant mon frère me pressait. Nous sommes montés en voiture, mon frère, ma sœur et moi ; Mme de Dolomieu (1) et M. de Nancigny dans la seconde voiture. En arrivant dans le cabinet, nous avons trouvé Monsieur, Madame, M. le duc d'Angoulême, Mme la duchesse de Berry, les mêmes personnes que la veille. Madame nous a dit : « C'est encore une crise comme hier, mais je suis « persuadée que ce n'est pas encore la fin. » Monsieur a dit : « Il est bien mal, mais cependant il a « encore de la force, et maintenant il est mieux. » Nous sommes restés là quelque temps.

« On a dit qu'on avait fait son pansement la veille au soir, mais que les médecins ne l'avaient pas transporté, comme cela se faisait ordinairement, dans le cabinet où nous étions, pour faire le pansement ; qu'on l'avait fait dans sa chambre, mais qu'il avait dit : « Pourquoi ne me mène-t-on pas là-« dedans ? » et que pour le contenter on l'avait roulé dans son lit dans sa chambre, comme si on le transportait dans une autre pièce. M. de Boigelin me dit qu'il avait assisté à ce pansement, et que l'état de son corps, et surtout de son pied et de sa

(1) Elle était dame d'honneur de la duchesse d'Orléans.

jambe, était au delà de tout ce qu'on pouvait dire; qu'il lui manquait trois doigts à un pied, qu'on voyait à nu les os de ce pied et du bas de cette jambe; que cela faisait horreur. Certes, il faut que le Roi ait un grand courage pour avoir été à l'extérieur comme quelqu'un qui ne souffre pas, étant dans cet affreux état. Son pansement dure toujours trois quarts d'heure et le fait souffrir affreusement.

« C'est un état qui, véritablement, inspire de la pitié; puis maintenant on est si familiarisé avec l'idée de sa mort, qu'on voit clairement que chacun n'attend plus que ce moment sans regret, sans émotion, et même avec une sorte d'impatience. Hélas! pauvre humanité! et ce que c'est que de n'avoir pas d'amis, de n'avoir su aimer, et, par conséquent, de n'avoir attaché personne...

« Nous sommes rentrés au Palais-Royal à six heures du matin. Je me suis recouchée jusqu'à neuf heures et demie; à dix heures et demie nous avons déjeuné. Anatole de Montesquiou est revenu de Neuilly et nous a donné des nouvelles de l'arrivée des enfants hier à onze heures du soir. Nous sommes retournés savoir des nouvelles du Roi à midi et demi. Les princes n'y étaient pas ; nous y sommes restés quelques instants : il était dans le même état. En entrant, Chabot est venu annoncer qu'on ne pouvait se dispenser de faire draper les voitures, que tout le monde le faisait. Les ordres ont été donnés pour faire draper deux de celles de mon frère et une des miennes. J'avoue que cela choque mon cœur, mon sentiment, de faire pour le Roi ce que je n'ai pas fait pour le deuil de ma mère. Hélas ! ainsi va le monde !... Nous avons dîné au Palais-Royal. A sept heures et demie nous sommes retournés chez le Roi... Monsieur, Madame, M. le duc d'Angoulême, Mme la duchesse de Berry avaient été prendre l'air dans le jardin des Tuileries, qui, à cette heure, était fermé. Ils revinrent une petite demi-heure après : le Roi toujours s'affaiblissant, mais toujours de la fièvre et une odeur affreuse dans tout l'appartement.

« Nous nous assîmes dans le cabinet, et mon frère eut une conversation avec Monsieur sur la police. Mon frère était d'avis que, dans un bon gouvernement, on pouvait s'en passer ; qu'il n'en voyait pas l'utilité, et qu'elle faisait beaucoup de mal. Monsieur était d'avis qu'elle était nécessaire, et Madame aussi ; Mme la duchesse de Berry très-fatiguée et pas de bonne humeur. Nous restâmes là jusqu'à neuf heures et demie. Les médecins dirent que le Roi s'affaiblissait, mais que ce n'était pas encore le moment de sa mort. Ils engagèrent Monsieur, M. le duc d'Angoulême et les princesses à aller prendre un peu de repos ; ils le firent. Nous restâmes là encore quelque temps. On essaya de panser le Roi; mais on le vit tellement faible et souffrant, que tous les médecins réunis n'osèrent l'entreprendre. Nous partîmes à dix heures, bien convaincus que nous serions rappelés dans la nuit.

« Jeudi, 16 septembre 1824.

« En effet, cette nuit, à une heure, nous avons été appelés ; il y avait une foule énorme dans la galerie de Diane : toute la cour, en hommes, les ministres. Nous sommes entrés dans ce triste cabinet. Les princes et les princesses étaient dans la chambre du Roi, nous y entrâmes aussi ; il y faisait très-sombre. Monsieur était assis sur un pliant, au pied du petit lit de fer couvert de rideaux de taffetas vert, au pied du grand lit de parade, dans lequel le Roi ne couchait jamais : il couchait toujours dans ce même petit lit de fer dans lequel il était maintenant. Monsieur était donc au pied, caché par les rideaux, de manière que le Roi ne pouvait le voir ; Mme la duchesse d'Angoulême auprès de lui, Mme la duchesse de Berry auprès de Madame, puis M. le duc d'Angoulême. On a avancé un pliant pour ma sœur, auprès de M. le duc d'Angoulême; je me suis mise sur le même pliant, à côté d'elle, mon frère auprès sur une chaise, le duc de Bourbon, le prince de Castelcicala, le prince de Talleyrand. Dans la fenêtre étaient le curé de Saint-Germain-l'Auxerrois, Monseigneur l'évêque d'Hermopolis, après l'archevêque de Paris, puis le duc d'Aumont, M. d'Havré; dans l'autre fenêtre, après le duc de Duras, le comte Charles de Damas, M. de Boigelin; derrière le lit, au chevet, le grand aumônier, des aumôniers qui faisaient des prières tout haut, et le confesseur du Roi, qui venait de temps en temps lui parler auprès de son lit. Le duc de Blacas était au chevet du lit du Roi, entre le lit de parade et son petit lit. Tous ses valets de chambre étaient là, pressés derrière nous; tous les médecins dans l'inaction; seulement de temps en temps un se levait, s'approchait de son lit et lui tâtait le pouls.

« A deux heures, Alibert et les autres dirent qu'il n'avait plus de pouls. Cependant on entendait toujours sa respiration forte. L'odeur était affreuse et la chaleur excessive. Les lumières finissaient alternativement; le silence n'était interrompu que par la respiration du Roi, qui, cependant, par moment cessait, ou par les prières du grand aumônier et des prêtres. Cependant, tout d'un coup, nous entendîmes un bruit plus fort. Je crus que c'était le râle qui prenait au Roi; mais point du tout : c'était ce pauvre M. d'Havré qui s'était endormi et qui ronflait d'une force affreuse.

« Nous restâmes dans la chambre, à nos places, jusqu'à trois heures. Madame étouffait et sortit pour respirer un peu dans le cabinet; nous la suivîmes. Peu de temps après, Mme la duchesse de Berry vint, donnant le bras à Monsieur pour le faire respirer. Elle ne le quittait plus et rentra dans la chambre quelque temps après avec lui. Les médecins disaient qu'il n'y avait plus de pouls, et que même le cœur ne battait plus; mais la respiration allait toujours. Nous rentrâmes tous à l'entrée de sa chambre.

Monsieur était assis dans la fenêtre, ainsi que Mme la duchesse de Berry. Au bout de quelque temps que nous étions là, la respiration diminuant toujours, le confesseur s'approcha du lit du Roi, les médecins, les gentilshommes de la chambre; il y eut un mouvement général. Nous nous levâmes tous; on apporta un bougeoir aux médecins, qui le mirent devant le visage du Roi.

« Je le vis parfaitement alors : il était noir et jaune, la bouche ouverte, une figure effrayante. M. le duc d'Angoulême dit à deux ou trois reprises à Monsieur : « Mon père, c'est fini. » M. le comte Charles de Damas vint auprès de Monsieur et lui dit d'un ton solennel, la voix entrecoupée : « Sire, le Roi est mort ! » Alors tout le monde se précipita sur la main du nouveau Roi. Pour moi, je n'y arrivai pas. On récita un *De profundis*. Puis après, le nouveau Roi dit : « Je veux baiser la main du Roi. » Alors le comte de Duras sortit du lit le bras du Roi mort, et le Roi se mit à genoux auprès du lit et lui baisa la main. Madame, M. le duc d'Angoulême, Mme la duchesse de Berry, mon frère, ma sœur, M le duc de Bourbon, nous en fîmes autant. Cependant, j'avoue que je ne fis que la démonstration et que je ne baisai pas la main : cela ne pouvait lui faire aucun bien, le sentiment ne m'y portait pas, je trouvais mieux de m'en abstenir. L'odeur, auprès du lit, était à renverser. Le Roi est mort comme quatre heures du matin sonnaient à ses pendules ; toutes les lumières s'éteignaient : c'était une scène vraiment imposante !

« Nous sortîmes de cette chambre avec le nouveau Roi, qui avait l'air très-affecté; il était changé. Il nous dit adieu, et, au moment où l'on ouvrit la porte de la galerie de Diane, M. le duc de Blacas, qui marchait devant, ainsi que le comte Charles de Damas, cria : « Le Roi, Messieurs ! » Alors toute cette foule de courtisans se mit en mouvement pour suivre le Roi et les princes. C'était un bruit sourd, et en un clin d'œil la galerie de Diane fut déserte. Je n'y vis que le chancelier M. de Sémonville, qui, je crois, était là pour faire l'acte de décès.

APPENDICES

I

MORT DE LOUIS XIV

Dans une lettre écrite en 1715 à la princesse des Ursins, Mme de Maintenon donne les détails suivants sur la manière de vivre, la santé et les appétits du grand roi, alors âgé de soixante-dix-sept ans :

« Le roi chassa sept heures hier, et revint dans ma chambre plus frais et plus gai que s'il n'avait rien fait. Dans l'ordinaire il court le cerf deux fois la semaine; les autres jours il tire ou fait quelque promenade, quatre musiques chez moi et quelques comédies des plus sages : voilà, madame, assez d'amusements. Il a pourtant plus de conseils que jamais, et il donne plusieurs audiences soit aux courtisans, soit aux étrangers. Il suit les affaires de très-près, et véritablement son état est un continuel miracle... Il n'y a aucun retranchement aux repas que vous connaissez (1), ni aucune diminution à la

(1) Voici divers menus des dîners de Louis XIV, l'un des plus gros mangeurs qui aient occupé le trône :

« J'ai vu souvent, dit la princesse Palatine, le roi manger à un seul repas quatre assiettées de soupes diverses, un faisan entier, une perdrix, une grande assiettée de salade, du mouton au jus et à l'ail, deux bonnes tranches de jambon, de la pâtisserie, du fruit et des confitures. »

« Le roi, dit Fagon en 1709, mêle à la fois à son souper beaucoup de viandes et de potages, des salades de concombres et de laitues, des petites herbes, le tout assaisonné de sel, poivre et vinaigre en quantité, avec beaucoup de fromage par dessus, ce qui fait une fermentation dans son estomac »

Voici maintenant Louis XIV à la diète (1708), et obligé de faire gras un vendredi :

« Fatigué et abattu, le roi voulut bien qu'on ne lui servît à dîner que des croûtes, un potage au pigeon, et trois poulets rôtis; le soir, du bouillon avec du pain et point de viandes. Il mangea de ces poulets quatre ailes, les blancs et une cuisse. »

Un jour, le roi ne se sentit pas à son aise, parce qu'étant au régime il avait mangé, entre autres choses, « les croûtes, le pain mitonné en potage, des viandes solides, des vents au blanc d'œuf et au sucre, cuits et séchés au four, force confitures et des biscuits bien secs, et bu quatre grands verres pendant le repas, et

bonne mine, à la façon de marcher et à toute la figure, que vous savez être au-dessus de toutes celles que nous avons vues. »

Vers le milieu d'août 1715, le roi tomba malade de la maladie dont il devait mourir; le 12 août, bien que souffrant, il supporta, debout pendant plusieurs heures, la fatigue d'une longue audience donnée à l'ambassadeur de Perse.

Mme de Maintenon a raconté elle-même les derniers moments du grand roi dans la lettre suivante, écrite cinq jours après la mort de Louis XIV, et que j'emprunte à l'excellent livre de Théophile Lavallée : *Madame de Maintenon et la Maison Royale de Saint-Cyr*.

« Le soir de notre retour de Marly (samedi 10 août), il fut si faible qu'il se traîna avec peine à son prie-Dieu ; deux jours après, il me parut si abattu que je ne doutai plus de sa mort. Je lui parlai de Dieu, il m'écouta volontiers et me remit plusieurs fois sur le même chapitre ; le 23, je con-

trois d'eau glacée, ce qui ne l'empêcha pas de travailler trois heures ensuite avec M. de Pontchartrain.

(*Journal de la santé de Louis XIV*, par ses médecins Vallot, d'Aquin et Fagon. A Durand, Paris, in-8.)

çus quelque espérance ; il mangea et dormit ; le lendemain, il travailla avec M. Voisin. Soit qu'il en fût fatigué, soit que sa maladie se déclarât, il tomba en faiblesse. Je fus tout alarmée, mais je me possédai autant qu'il me fut possible. Revenu de cet état, je lui proposai de recevoir les sacrements : « C'est encore de bonne heure, » dit-il. Je lui répondis que c'était une sage précaution, qu'on ne pouvait trop tôt demander pardon à Dieu de ses fautes, et je lui rappelai quelques-unes de ses actions dont j'avais été témoin. « Vous me rendez service, me dit-il, je vous en remercie, » et il se confessa.

« Je fis tous mes efforts pour avoir la même fermeté que j'admirais en lui ; ma grande attention était de m'empêcher de pleurer, et je m'éloignais un moment quand je sentais mes larmes prêtes à s'échapper. Il me demanda sa cassette, je la lui apportai ; il la visita devant moi. Ayant trouvé quelques listes des voyages de Marly : « Voici, dit-il, « des papiers fort indifférents ; on n'en peut faire « mauvais usage. » Et il ajouta en prenant un autre papier : « Brûlons celui-ci ; il pourrait mettre très- « mal ensemble les deux ministres. » Il trouva un chapelet qu'il me donna en me disant : « Portez-le

« sur vous, non comme une relique, mais pour vous « souvenir toujours de moi ! »

« Le cardinal de Rohan lui administra le saint viatique. Il dit ensuite : « J'ai vécu longtemps, « mais j'ai bien peu vécu pour Dieu. » Il fit venir la famille royale et lui dit : « Je vous recommande « la paix et l'union. »

« Le 25, quoique sans fièvre, il fut excessivement altéré ; je lui présentai trois fois à boire. M. Fagon ne douta plus que la gangrène ne fût à la jambe, et me dit à l'oreille qu'elle avait pénétré jusqu'à l'os et qu'il n'y avait plus d'espérance. Je passai la nuit au chevet de son lit et je lui parlai de son salut. Il me dit qu'il n'avait que trois choses à se reprocher, et que Dieu était encore plus clément qu'il n'était grand pécheur. Le lendemain, Maréchal donna deux coups de lancette ; le roi n'en sentit rien et s'évanouit.

« Les médecins, voyant sa fermeté, délibérèrent de lui faire l'amputation. M. Fagon ne voulait pas le lui proposer ; je m'en chargeai. « Croyez-vous, « leur demanda-t-il, me sauver par là la vie ? » Maréchal répondit qu'il y avait peu d'apparence. « Eh bien ! dit le roi, il est donc inutile que vous me

« fassiez souffrir. » Après quoi il se tourna de l'autre côté, où était le maréchal de Villeroy ; il lui tendit la main et lui dit : « Adieu, mon ami, il faut nous « quitter. »

« Le cardinal de Rohan et le père Letellier entrèrent ; il eut un long entretien avec eux. Je me retirai pour laisser un libre cours à mes larmes, et je n'entendis que ces mots, lorsque je rentrai : « Vous en répondez devant Dieu. »

« Le 29, il dit aux princes de s'approcher ; il recommanda au duc d'Orléans le dauphin, et dit au duc du Maine : « Ayez soin de son éducation ; « soyez-lui attaché autant que vous me l'avez été. » Ensuite, il pria le duc de Bourbon et le prince de Conti de ne pas imiter leurs pères.

« Le dauphin s'étant approché, il lui donna sa bénédiction et lui dit : « Mon enfant, vous allez être « un grand roi ; soyez toujours un bon chrétien ; ne « suivez point mon exemple pour la guerre ; tâchez « d'avoir la paix avec vos voisins; rendez à Dieu ce « que vous devez à Dieu ; suivez toujours les con- « seils les plus modérés; tâchez de diminuer les im- « pôts, et faites ce que je suis assez malheureux de « n'avoir pu faire. » Le dauphin s'étant retiré, il ordonna de le rappeler ; il l'embrassa en pleurant et ajouta : « Regardez, mon fils, ce que je viens de « vous dire comme mes dernières volontés, et que « ces conseils soient gravés dans votre esprit ; sou- « venez-vous que les rois meurent comme les autres « hommes. »

« Il me dit trois fois adieu. La première fois, il assura qu'il n'avait de regret que de me quitter ; « mais, ajouta-il en soupirant, nous nous reverrons « bientôt. » Je le priai de ne plus penser qu'à Dieu. La seconde fois, il me demanda pardon de n'avoir pas assez bien vécu avec moi, et de ne m'avoir pas rendue heureuse, mais qu'il m'avait toujours aimée et estimée ; et, se sentant alors prêt à pleurer, il me recommanda d'examiner si on ne l'écoutait pas. « Cependant, ajouta-t-il, on ne sera jamais surpris « que je m'attendrisse avec vous. »

« A la troisième fois, il me dit : « Qu'allez-vous « devenir ? Vous n'avez rien. » Je l'exhortai à ne s'occuper que de Dieu, et, faisant ensuite réflexion que j'ignorais de quelle manière les princes me traiteraient, je le priai de me recommander à M. le duc d'Orléans. Il l'appela et lui dit : « Mon ne- « veu, je vous recommande Mme de Maintenon ;

« vous savez l'estime et la considération que j'ai tou-
« jours eues pour elle; elle ne m'a jamais donné que « de bons conseils, et je me repens de ne les avoir « pas toujours suivis. Elle m'a été utile en tout, et « principalement pour revenir à Dieu et pour mon « salut. Faites tout ce qu'elle vous demandera pour « elle ou pour ses parents et amis. Elle n'en abusera « pas ; qu'elle s'adresse directement à vous. »

Le soir même Mme de Maintenon rentra à Saint-Cyr, où elle passa la nuit en prières, après avoir reçu toutes les dames et toutes les élèves de la maison, et leur avoir raconté la conduite édifiante du roi.

Dès le matin elle retourna auprès de Louis XIV, où elle resta encore toute la journée. Le roi la reconnut : « Il faut que vous ayez bien du courage, « lui dit-il, pour être toujours présente à ce triste « spectacle. » Il retomba bientôt sans connaissance; Dangeau dit que ce n'était plus qu'une machine. Aussi, vers le soir, voyant qu'elle ne pouvait plus lui être utile, elle embrassa ses nièces, et revint à Saint-Cyr, qu'elle ne devait plus quitter.

Le lendemain, 1er septembre 1715, le roi mourut à huit heures du matin.

Mlle d'Aumale, aussitôt que la nouvelle de la mort arriva à Saint-Cyr, la porta à Mme de Maintenon, et pour cela, elle lui dit simplement dans sa chambre : « Madame, toute la maison est en prières au chœur! » Celle-ci leva les mains au ciel en pleurant et se rendit à l'église, où elle assista à l'office des morts.

II

MADAME DE MAINTENON

Bien que Mme de Maintenon n'ait pas été officiellement une personne royale, mais seulement, *in petto*, la femme légitime et non avouée de Louis XIV, elle a touché de trop près au trône, où, avec un peu plus d'insistance, elle aurait pu certainement s'asseoir, pour ne pas avoir sa place dans la galerie des princesses de l'Europe.

Née à Niort le 27 novembre 1635, elle épousa,

fort jeune encore, le cul-de-jatte et poëte Scarron. Veuve à vingt-cinq ans, elle devint un peu plus tard la surveillante des bâtards de Louis XIV et de Mme de Montespan; dans ces fonctions elle vit souvent le roi, qui se faisait vieux, et elle entreprit de le convertir. C'était une femme d'esprit et de savoir; elle avait une tête solide et beaucoup de persévérance dans les idées, et de patience pour l'exécution de ses projets. Elle captiva le roi, au point de s'en faire aimer, bien qu'elle eût alors peu de charmes et de jeunesse. Mais elle fut assez habile pour ne rien accorder à son royal soupirant, qui ne l'eût sans doute pas épousée sans cela! « A quarante-cinq ans, écrit-elle en 1680 à l'une de ses amies, il n'est plus temps de plaire, mais la vertu est de tout âge... je renvoie toujours le roi affligé, mais jamais désespéré. »

La reine étant morte le 30 juillet 1683, Mme de Maintenon put plus facilement entrevoir le terme de ses patients désirs. On suppose qu'elle épousa le roi dans la nuit du 12 juin 1684, après la prise de Luxembourg, et en présence du père La Chaise, de Harlay, archevêque de Paris, qui bénit le mariage, des marquis de Louvois et de Montchevreuil, et du valet de chambre Bontemps, qui dressa l'autel et servit la messe.

Mais, sur ce grave sujet, on en est encore et on en sera toujours réduit aux conjectures, les papiers et correspondances relatifs à ce grand acte ayant été soigneusement détruits.

Dans l'intérieur du palais habité par le roi, l'ex-veuve Scarron (car quel nom doit-elle légalement porter après ce mariage royal?) fut toujours traitée par la cour et par les valets comme la reine l'avait été elle-même de son vivant. Mais le peuple, qui n'est pas courtisan, ne la considéra jamais que comme la maîtresse du roi, et, comme elle était fort peu populaire, car on lui attribuait les malheurs et les exigences des derniers temps du règne, on l'insulta plusieurs fois publiquement pendant ses voyages à Paris, à un tel point qu'elle dut renoncer à y venir dans ses carrosses, et qu'elle n'y arrivait plus qu'incognito.

En 1715, à la mort du roi, elle avait quatre-vingts ans, et voici le portrait qu'elle a tracé d'elle-même dans l'une de ses lettres à sa digne amie, la princesse des Ursins :

« Si vous me voyiez, vous conviendriez que je

fais bien de me cacher. Je ne vois presque plus, j'entends encore plus mal; on ne m'entend plus, parce que la prononciation s'en est allée avec les dents; la mémoire commence à s'égarer; je ne me souviens plus des noms propres; je confonds tous les temps, et nos malheurs, joints à mon âge, me font pleurer comme toutes les vieilles que vous avez vues. »

Après la mort du roi, elle se retira définitivement à Saint-Cyr, et c'est encore à l'ouvrage déjà cité de Th. Lavallée que j'emprunte les détails des circonstances qui ont accompagné et suivi la mort de cette femme illustre :

En 1717, le czar Pierre de Russie, étant venu en France, voulut voir Mme de Maintenon. Il vint à Saint-Cyr le 10 juin, et demanda à visiter la veuve secrète du dernier roi.

Mme de Maintenon était alors au lit, malade. « Je n'ai osé dire que non, écrit-elle à Mme de Caylus, et je vais l'attendre sur mon lit. Je ne sais s'il faut l'aller recevoir en cérémonie, s'il veut voir la maison, les demoiselles, s'il entrera au chœur. Je laisse tout au hasard... Le czar est arrivé à sept heures du soir ; il s'est assis au chevet de mon lit :

il m'a demandé si j'étais malade, j'ai répondu que oui; il m'a fait demander ce que c'était que mon mal; j'ai répondu : Une grande vieillesse. Il ne savait que me dire, et son truchement, le prince de Kourakin, ne paraissait pas m'entendre. Sa visite a été fort courte; il a fait ouvrir le pied de mon lit pour me voir : vous croyez bien qu'il en aura été satisfait. »

Le czar visita la maison dans tous ses détails, s'en fit donner le plan, s'amusa des jeux des demoiselles, mais ne parut prendre qu'un médiocre intérêt à l'institution : elle était d'une société trop polie et trop avancée pour convenir au pays sauvage qu'il voulait civiliser.

Depuis cette visite, Mme de Maintenon ne fit plus que traîner une vie languissante. Le duc du Maine, déjà si maltraité par le gouvernement du régent, ayant été compromis dans la conspiration de Cellamare, fut arrêté et enfermé à Doullens. Ce fut pour celle que Saint-Simon appelle « la chère et abandonnée protectrice » de ce prince, la plus sensible affliction et qui lui fut mortelle. « Elle se trouva encore mère dans cette circonstance, » dit Languet de Gergy, et dès lors la fièvre qui la consumait depuis vingt ans pendant la nuit la mit dans un tel état de faiblesse, qu'elle cessa de se lever. Néanmoins, elle vécut encore un mois, voyant approcher sa fin avec le calme le plus parfait et la piété la plus fervente. « Elle fut près de trois heures à l'agonie; elle avait l'air d'une personne qui dort tranquillement, et son visage paraissait plus beau et plus respectable que jamais. » Enfin, elle expira le 15 août 1719, à cinq heures du soir. Alors « ce ne fut qu'un cri dans toute la maison, disent les dames de Saint-Cyr, et on ne peut s'imaginer quelle fut notre douleur de nous voir séparées pour toujours de celle qui faisait après Dieu notre bonheur et notre félicité en cette vie. Nous la pleurâmes bien amèrement, et tout ce qui nous rappelle son souvenir nous est toujours d'un grand sujet d'attendrissement. »

On ouvrit son testament, où elle faisait seulement quelques legs pieux, tout son bien devant appartenir à sa nièce, la duchesse de Noailles. On embauma son corps, et elle demeura deux jours exposée sur son lit, avec un air si doux et si dévot, qu'on eût dit qu'elle priait Dieu.

Le troisième jour, vers le soir, on l'ensevelit et

on la mit dans le vestibule du chœur, la communauté rangée autour du cercueil, les demoiselles dans le grand corridor, un cierge à la main. L'évêque de Chartres et cent prêtres de Saint-Lazare, avec tous les curés des paroisses voisines, entrèrent par la porte de clôture, et lorsqu'ils furent près du vestibule ils entonnèrent les prières des morts. Les demoiselles passèrent devant eux et allèrent prendre leur rang dans le chœur : on y porta le cercueil dans une marche assez lente; la communauté le suivait, et quatre religieuses tenaient les coins du drap mortuaire. Le clergé continua de chanter, « car nous ne chantâmes rien, disent les dames de Saint-Cyr, et véritablement nous ne l'aurions pas pu, car les sanglots ne nous l'auraient pas permis. » Après les vêpres des morts, on descendit le cercueil dans le caveau; le clergé se retira; « ensuite la communauté et les demoiselles sortirent du chœur plus tristes qu'on ne pourrait dire. » Le lendemain il y eut un service solennel; mais on ne dit pas d'oraison funèbre, et l'on se contenta de mettre sur la tombe, placée au milieu du chœur, entre les bancs des demoiselles et les stalles des religieuses, une épitaphe faite par l'abbé Vertot.

Son appartement fut conservé tel qu'il était à sa mort avec son ameublement : « On réserva son cabinet, disent les dames, comme un lieu précieux, dédié à sa mémoire ; et, afin qu'il ne fût pas inutile, on en fit la chambre du conseil. »

Le corps de Mme de Maintenon ne devait habiter que pendant soixante-quinze ans cette première sépulture. En effet, après la révolution, Saint-Cyr fut dévasté, la communauté dissoute et dispersée, et, en janvier 1794, on envoya des ouvriers pour transformer l'église en salles d'hôpital.

Pendant leur travail, les ouvriers aperçurent au milieu du chœur dévasté, où stalles des dames, bancs des demoiselles, orgues, chapelles, tout avait disparu, une table de marbre noir perdue dans le sol couvert de débris : c'était la tombe de Mme de Maintenon. Ils la brisèrent, ouvrirent le caveau et le double cercueil, et en enlevèrent le corps de sa fondatrice, parfaitement conservé, couvert encore de ses habits, ayant même gardé les parfums avec lesquels on l'avait embaumé. Ils lui mirent une corde au cou, la traînèrent dans la cour du dehors, au milieu de rires et de cris sauvages, et le jetèrent, dépouillé et tout mutilé, dans un grand trou du cimetière, où ils l'enterrèrent. « La tombe violée de Mme de Maintenon, dit un de ses arrière-neveux, eut cela de commun avec les tombes royales de Saint-Denis; ce jour-là, la fondatrice de Saint-Cyr fut traitée en reine, et c'étaient les seuls honneurs que la Providence réservait à son élévation cachée (1). »

La maison de Saint-Cyr devint, en l'an VI, d'hôpital militaire un hôtel d'invalides, puis en 1800 un collége sous le nom de Prytanée français. En 1802, à l'époque de la restauration du culte catholique, et quand on se disposait à rendre l'église de Saint-Louis à sa destination, Crouzet, directeur du Prytanée, ayant été averti de l'endroit où gisait le cadavre de Mme de Maintenon, le fit exhumer avec une certaine pompe religieuse et enterrer dans l'ancienne cour verte, en face du logement qu'avait occupé la fondatrice de Saint-Cyr. On lui éleva un petit monument entouré d'une grille et de saules pleureurs.

En 1805, le Prytanée devint, sans changer de

(1) *Histoire de la maison royale de Saint-Louis*, par le duc de Noailles, l'un des quarante.

nom, une sorte d'école militaire préparatoire, qui eut pour commandant le général Duteil. L'un des premiers actes de ce général fut d'ordonner la destruction du modeste tombeau de la « fanatique, disait-il, qui avait fait révoquer l'édit de Nantes. » Alors les derniers ossements de Mme de Maintenon furent placés dans un mauvais coffre d'emballage et relégués, d'abord dans un grenier parmi des débris de meubles, puis dans un coin poudreux de l'économat de l'École militaire, derrière des caisses de rebut. Ce coffre était à la merci de ceux qui connaissaient son existence, et c'est ainsi que la plupart des ossements en furent dispersés. D'ailleurs, pendant trente ans, personne ne s'en occupa, ni le gouvernement impérial, ni celui des Bourbons, ni les généraux qui se succédèrent dans le commandement de l'École militaire.

Enfin, en 1836, M. le colonel Baraguey d'Hilliers, commandant l'École spéciale militaire, demanda au ministre de la guerre l'autorisation d'élever un monument, dans la chapelle, à la fondatrice de Saint-Cyr. Cette autorisation ayant été donnée, on rechercha l'endroit du chœur des dames où elle avait été inhumée, et qui avait été muré et carrelé.

On le découvrit, et on trouva dans l'ancien caveau un cercueil de bois vermoulu avec un cercueil de plomb à tête, ouvert seulement du côté droit, et où étaient encore des débris de linceul tombant en poussière, une petite croix d'ébène, un talon de soulier de femme, quelques aromates, des lambeaux de parchemin. On réunit ces débris aux ossements très-incomplets et très-douteux qu'on retrouva dans le coffre; on mit le tout dans une petite boîte en chêne, recouverte d'une feuille de plomb, avec un parchemin relatant l'exhumation; puis l'on déposa cette boîte dans un mausolée en marbre noir, surmonté d'une croix et placé sur un socle en marbre blanc. Tout cela fut fait sans aucune pompe, par les mains d'ouvriers, et avec tant de légèreté que le cercueil de plomb fut oublié et ensuite vendu comme débris. Ce petit monument est placé dans l'enfoncement latéral de l'église, qui avait été jadis la chapelle de Saint-Candide; il porte pour inscription :

CI-GIT

MADAME DE MAINTENON

1635-1719

(1836)

C'est là tout ce qui rappelle aujourd'hui à Saint-Cyr l'institut royal de Saint-Louis et sa célèbre fondatrice.

III

NAPOLÉON II

On assure que les cendres du jeune prince qui fut un moment Napoléon II vont être rendues à la France (1).

Celui qui, pendant quelques heures, en 1815, a été empereur des Français, bien que l'Autriche le retînt alors prisonnier, va venir retrouver, sous le dôme des Invalides, son illustre père; et tous

(1) Il faut bien dire cela dubitativement! Voilà trente ans et plus que cette nouvelle, toujours controuvée, défraye les chroniques même les mieux informées. On en parlait, comme d'une chose absolument décidée, en août 1866, et c'est à cette occasion que j'ai publié anonymement, dans le journal *l'Evénement* (11 août), une partie de cette courte notice.

deux, séparés dans la vie par leur destinée, vont être enfin réunis dans la tombe! Morts sur la terre de l'exil, tous deux n'auront trouvé le repos éternel, sur le sol de la patrie, qu'après avoir longtemps dormi, l'un sur un rocher perdu dans les mers, l'autre dans les funèbres caveaux qui servent de sépulture aux princes de la maison impériale d'Autriche!

Joseph-Charles-François-Napoléon, roi de Rome, était né à Paris, le 20 mars 1811. Toutes les fées bienveillantes furent convoquées à son berceau, toutes lui prédirent les honneurs, les richesses et la puissance; pas une ne mit en doute l'éternité de sa grandeur ni le lustre de sa vie!

Et déjà, le 2 mai 1814, moins de quatre ans après cette naissance entourée de tous les prestiges et de toutes les promesses, le jeune prince quittait la terre de France, qu'il ne devait plus revoir. En arrivant dans les États de son grand-père, l'empereur d'Autriche, son titre lui était enlevé, son nom était proscrit, tout ce qui rappelait la gloire de son père et l'humiliation de ses ennemis était soigneusement écarté, et le fils de Napoléon, le roi de Rome, devenait le duc de Reischtadt!...

Une patente impériale du 22 juillet 1818 (22 juillet!... ce fut aussi la date de sa mort!...) lui donna ce titre de duc autrichien, régla le rang et les armes du prince, fixa les honneurs auxquels il avait droit, et détermina sa position définitive comme membre de la famille impériale d'Autriche. — Mais de Napoléon, plus un mot! La patente impériale du 22 juillet supprime ce prénom glorieux dans l'énumération des noms du fils du grand Empereur, épouvantail des monarchies!

Et cependant, quand il soupçonna quel homme, quel héros avait été son père, son âme de feu se réveilla comme d'un long assoupissement; quand il lut ses immortelles campagnes et qu'il comprit à quel degré de gloire et de puissance surhumaines il était parvenu, il lui sembla qu'il entrait dans un monde nouveau, où une fantasmagorie prodigieuse faisait passer devant ses yeux éblouis une histoire gigantesque!...

Alors, malgré tous ceux qui l'entouraient, en dépit des précautions d'une police incessante, il voulut tout connaître. Il se procura et dévora en cachette tous les livres qui parlaient de Napoléon, et quand il sut combien il avait été grand, puis combien on l'avait humilié, et enfin comme il était mort, il éprouva une haine immense contre ceux qui avaient consommé son martyre. Il s'indigna aussi de la suppression, dans ses noms, de celui qu'il regardait justement comme le plus enviable et le plus glorieux, et il le reprit hardiment, au grand jour, aux yeux de tous, pour s'en parer comme du trophée le plus éblouissant !

Comme son père, il aima le métier des armes ; mais ce corps long et frêle dans lequel était enfermée sa grande âme ne devait pas résister aux exercices terribles auxquels il voulut l'assouplir. Devenu colonel du régiment Gustave-Wasa, il se mit bravement à sa tête, fut de toutes les cérémonies et aussi de toutes les fatigues, par quelque temps qu'il fît, quel que fût son mal, et quoi que les médecins pussent lui dire.

Il rêvait la gloire, il rêvait la guerre ! Il l'étudia dans les récits nombreux des batailles de son père, soit qu'il les lût, soit qu'il se les fît raconter. La carte de l'Europe sous les yeux, il suivait avidement la marche des combats avec le feu, l'enthousiasme et l'intelligence prodigieuse qu'il apportait dans tous ses travaux.

Il devait en mourir! Mais il y avait en lui une volonté de fer qui lui donna facticement la force de supporter jusqu'au dernier jour les dures épreuves auxquelles, dans son ardeur de flamme, il s'astreignait volontairement. Cependant il ne consentit à se mettre au lit que quand son affaiblissement fut tel, qu'il ne pouvait plus se tenir levé. Il comprit aussitôt qu'il allait moûrir, et il n'eut qu'un regret en quittant le monde, celui de le quitter après avoir si peu fait pour lui montrer qu'il était digne du grand nom qu'il portait!

« Le 21 juillet (1), dans la matinée, les souffrances du prince devinrent si poignantes, il éprouva de telles angoisses, que, pour la première fois, il avoua à son médecin qu'il souffrait. Alors il manifesta un profond dégoût de la vie. « Quand donc se terminera ma pénible existence? » disait-il au milieu des tourments d'une fièvre dévorante. Dans cet instant même, Marie-Louise entrait; il eut la force de commander à son âme : avec un calme apparent, il répondit à ses demandes craintives qu'il

(1) Récit du comte Hartmann, l'un des officiers du prince, et qui fut témoin de ses dernières souffrances.

était bien ; il chercha même à la rassurer sur son sort. Pendant le reste du jour, quoique ses souffrances n'eussent pas diminué, il prit part à ce qu'on disait autour de lui, et parla plusieurs fois avec satisfaction du voyage qu'il devait faire en automne.

« Le soir, le docteur Malfatti annonça qu'il y avait tout à redouter pour la nuit suivante. Le baron de Moll ne quitta plus la chambre du prince, mais à son insu, car il ne pouvait supporter la pensée que quelqu'un restât de nuit auprès de lui. Pendant quelque temps il parut s'assoupir ; vers trois heures et demie, il se leva tout à coup sur son séant, et s'écria : « Je succombe !... je succombe !... » Le baron de Moll et son valet de chambre le prirent dans leurs bras, cherchant à le calmer. « Ma mère !... ma mère !... » s'écria-t-il. Ce furent ses dernières paroles.

« Espérant d'abord que c'était une faiblesse passagère, le baron de Moll hésitait encore à aller avertir l'archiduchesse ; cependant, quand il vit les traits du prince se fixer et prendre le caractère de la mort, il le confia au valet de chambre, et courut avertir la grande maîtresse de Marie Louise et l'archiduc François, à qui le prince avait demandé de l'assister dans ses derniers moments. Tous accoururent éperdus. Marie-Louise s'était cru la force de rester debout près de son fils expirant; elle tomba à genoux à côté de son lit. Le duc de Reichstadt ne pouvait plus parler : ses yeux éteints, se fixant sur sa mère, cherchaient à lui exprimer les sentiments que sa bouche n'avait plus la faculté d'articuler. Alors le prélat qui l'assistait lui montra le ciel : il leva les yeux pour répondre à sa pensée... A cinq heures huit minutes, il s'éteignit sans convulsions, dans cette même chambre du palais de Schoënbrunn qu'avait occupée en 1809, après Wagram, Napoléon triomphant ! »

C'était le 22 juillet 1832; Napoléon II venait d'avoir vingt et un ans!

On fit l'autopsie de son cadavre à Schoënbrunn, le 23 du même mois. En la lisant, on peut, en quelque sorte, se faire une idée de l'extérieur physique du malheureux prince :

« Le corps entièrement émacié; la caisse de la « poitrine, en proportion du corps, étroite et lon« gue; le sternum aplati; le cou long. La longueur « de son corps était de cinq pieds neuf pouces. »

Il eut des funérailles magnifiques, et voici l'inscription qu'on peut lire, en latin, sur son tombeau dans les sombres caveaux de l'église du couvent des Capucins, à Vienne :

A l'éternelle mémoire
de Joseph-Charles-François, duc de Reichstadt,
fils de Napoléon, Empereur des Français,
et de Marie-Louise, archiduchesse d'Autriche,
né à Paris, le 20 mars 1811.

Dès son berceau
il fut salué Roi de Rome ;
il fut doué de toutes les facultés de l'esprit
et de tous les avantages du corps. Sa taille était
imposante, son visage paré de tous les charmes de la
jeunesse, ses discours pleins de grâce et
d'affabilité ; il était remarquable par son instruction
et son aptitude aux exercices militaires.

Il fut atteint par
une maladie de poitrine ;
la mort la plus déplorable l'enleva,
au château de Schoënbrunn,
le 22 juillet 1832.

Combien l'épitaphe qu'il avait lui-même préparée quelques jours avant de mourir avait plus de couleur et de poésie!...

Ci-gît le fils du grand Napoléon!
Il naquit Roi de Rome
Et mourut colonel autrichien...

IV

MARIE-AMÉLIE

31 MARS 1866 (1)

Ce n'est pas une reine, c'est une femme qui vient de mourir! une femme de haute intelligence et d'éminente vertu, qui, née près du trône et y montant un jour, sembla toujours oublier qui elle était, pour

(1) J'ai publié ces lignes, à l'occasion de la mort de la reine, dans le journal *l'Événement*.

ne se montrer que ce qu'elle devait être. Élevée à l'école du malheur, exilée tour à tour de sa patrie et de celle de son époux, elle sut trouver ses plus chères consolations dans l'accomplissement de son double devoir de femme et de mère. Reine des Français pendant dix-huit ans, elle appliqua tous ses soins au soulagement des misères de tous, et laissa de côté, aussi souvent qu'elle le put, sa couronne royale, pour lui substituer la lumineuse auréole de la charité.

Née en avril 1782, à Caserte, Amélie-Marie de Bourbon était fille du roi de Naples Ferdinand IV et de l'archiduchesse d'Autriche Marie-Caroline. Sa première jeunesse se passa dans les agitations de l'exil, cet exil douloureux dans lequel ayant commencé la vie, elle devait un jour aussi la terminer! Ce n'est qu'en 1809 qu'elle connut et qu'elle épousa le duc d'Orléans, exilé comme elle. Elle avait alors vingt-sept ans; il en avait trente-six. Elle n'était pas belle : longue, sèche, mince, elle n'avait pour elle que le charme exquis de ses yeux remplis d'expression et de bonté, et son instruction distinguée et solide. Une charmante femme, Mme d'Ambrosio, avait été sa gouvernante et son institutrice, et lui avait communiqué le don de la grâce, dont elle était elle-même remplie. Le duc, vif, léger, entraînant, lui plut dès le premier jour. Il était alors peu riche, mais néanmoins sans souci, parce qu'il était aussi sans espérance.

L'année suivante, en 1810, elle lui donna un fils, ce prince charmant aimé de la France, qui, trente-deux ans plus tard, devait périr dans l'horrible catastrophe du chemin de la Révolte ! En 1814, elle vint en France, avec le duc d'Orléans, mais fut, ainsi que son mari, assez mal accueillie à la nouvelle cour. Louis XVIII faisait peser sur le duc ses rancunes contre la mémoire de son père, qui avait voté la mort de Louis XVI.

Cette première restauration dura peu d'ailleurs, et l'année suivante, le duc d'Orléans, après un simulacre inutile de commandement contre les troupes de Napoléon, reprit avec sa famille le chemin de l'exil. C'est en Angleterre qu'ils attendirent les événements. Mais le trône restauré pour la seconde fois ne leur parut pas suffisamment consolidé, malgré les baïonnéttes étrangères, et le duc prolongea son séjour à Londres jusqu'en 1817.

A son retour, le duc d'Orléans fut plus mal reçu

encore que la première fois. La princesse sa femme, qui avait par sa naissance le titre d'Altesse Royale, désirait que le roi le lui donnât aussi ; sa seule ambition en politique fut celle-là ! Cette seule fois elle voulut quelque chose en dehors de sa vie de femme et de mère : ce fut Charles X qui combla ce désir innocent.

Quand le duc accepta la couronne, au 9 août 1830, la duchesse n'en voulut d'abord rien croire. « Ce trône n'est pas à nous, disait-elle souvent ; « nous ne pouvons en dépouiller nos parents !... » Aussi, combien peu elle fut reine, dans l'acception ordinaire du mot. Toujours simple, vivant dans l'amour de ses enfants, retirée de toutes les brillantes cérémonies quand elle n'était point tenue d'y paraître, prodiguant ses aumônes et ses secours de toute nature, à Paris ou à Neuilly, elle resta femme avant tout. Femme sublime, il est vrai, dont le rôle fut bien plus beau et bien plus populaire à ce titre, qui ne sera jamais oublié !

Elle ne voulut point s'occuper des choses de la politique ; sa vie royale se passa pendant dix-huit ans au milieu des charités, des inquiétudes et des douleurs. Elle perdait un fils, elle perdait une fille !

A peine ces deux tombes étaient-elles fermées, qu'elle revenait toute tremblante auprès de son époux, sur lequel des conspirateurs avaient réuni leurs efforts. Mais qu'un ministère tombât, qu'un autre fût formé, elle faisait la sourde oreille! Elle savait bien que tel ou tel ministre était plus ou moins populaire; elle le disait ingénument, mais sans autre réflexion et sans aucun avis.

Sa chambre, aux Tuileries, était simple comme elle. Quelques objets d'art, des portraits, ceux du roi et de ses enfants. A Neuilly, dans ce château de famille envolé dans la Révolution, elle avait groupé autour d'elle les images, à tous les âges, des membres de sa famille adorée Sur chaque portrait de ses fils, elle avait placé leurs couronnes universitaires, avec les dates de ces pacifiques victoires de l'esprit et du cœur. Elle vivait au milieu de tout cela, entre les visages de ceux qui n'étaient plus ou de ceux qui étaient loin d'elle, sur quelque champ de bataille fumant de la pétulante Algérie.

Quand elle partit en 1848, elle ne regretta rien pour elle, que le tombeau de ses enfants. Hélas! l'exil lui fut dur et long; elle y perdit encore le roi, une fille, un gendre et deux belles-filles (1). Mais elle vit marier ses petits-enfants ; elle vit même leurs enfants à eux, et elle mourut sans douleur et sans voir la mort venir, entourée de leurs regards et de leurs caresses !...

Que ceux qui ont connu cette noble femme gardent à jamais dans leurs cœurs la mémoire de son abnégation et de ses vertus ! Que ceux de la nouvelle génération qui ont seulement entendu parler d'elle se souviennent qu'avant d'être princesse, qu'avant d'être reine, elle était par-dessus tout femme, épouse et mère !...

. . .

La maladie qui a emporté la reine (2) a été aussi courte qu'imprévue.

Elle souffrait depuis quinze jours d'une bronchite qui revenait tous les hivers avec violence, pour s'apaiser et décroître dans la belle saison. Marie-

(1) La princesse Louise, reine des Belges ; les duchesses d'Orléans et de Nemours ; le roi de Belgique, Léopold Ier.

(2) M. Adrien Marx, envoyé à Claremont pour assister aux funérailles de la reine, a adressé à *l'Événement* une série de lettres admirablement informées. La meilleure partie des détails qui suivent est à peu près textuellement empruntée à cette intéressante correspondance

Amélie avait demeuré pendant l'été de 1865 à Town-Bridge, dans la modeste villa qu'elle y louait depuis 1857, et, à la grande joie des siens, elle avait repris ses quartiers d'hiver à Claremont, dans un état de santé très-satisfaisant. De plus, son médecin, le docteur de Mussy, avait constaté, avec une surprise légitime devant ses quatre-vingt-quatre ans, la disparition presque totale des symptômes inflammatoires qui lui faisaient redouter périodiquement un malheur aux approches de l'hiver.

Lors de sa visite du mercredi 21 mars, M. de Mussy trouva la reine légèrement souffrante; son pouls était fréquent, et elle avait de longs accès de toux; mais ses soins parurent arrêter le progrès du mal, et l'illustre malade passa une bonne nuit. Le mieux se continua tout le jeudi, et le vendredi matin 23 mars la reine sembla tout à fait bien.

« A dimanche, » dit-elle à M. de Mussy lorsqu'il vint prendre congé d'elle.

La journée fut excellente. Marie-Amélie fit, comme à l'ordinaire, ses quatre repas, composés de bouillon, de thé et de viande blanche. Cette alimentation répétée lui avait été depuis longtemps prescrite, à cause de l'appauvrissement de son sang, de l'épuisement de sa constitution et de la délicatesse de ses organes digestifs.

Vers quatre heures elle écrivit à son petit-fils, le comte d'Eu, gendre de l'empereur du Brésil. Puis, se sentant fatiguée, elle se coucha.

Sa lectrice, Mlle Muser, qui reposait d'habitude dans un cabinet attenant à sa chambre, entendit du bruit chez elle, au milieu de la nuit. Inquiète, elle accourut près de la reine, et la trouva dans un état d'agitation extrême... Mais ce désordre s'apaisa peu à peu, et, vers cinq heures du matin, la princesse s'assoupit. Mlle Muser, qui n'avait pas voulu regagner son lit, et s'était assise aux pieds de la couche de la malade, s'aperçut, avec une certaine anxiété, que sa respiration était très-lente. Elle fit prévenir le duc de Nemours, qui expédia une dépêche au docteur de Mussy, à Londres, et manda au château un jeune médecin habitant Esher.

Pendant ce temps, la reine s'était réveillée, et, après avoir pris une petite tasse de bouillon :

« Je me sens mieux, dit-elle à sa lectrice... Je vais dormir. »

En la voyant fermer les yeux, on se doutait si peu de là catastrophe, que l'on ne crut pas urgent de faire entrer le jeune médecin qui venait d'arriver.

Tout le monde au château fut instruit qu'on avait été victime d'une fausse alerte, et Mlle Muser, ayant repris auprès de la reine sa place habituelle, se mit à lire... Ayant par hasard levé les yeux, elle fut frappée de la pâleur des traits de Marie-Amélie; elle remarqua de nouveau que sa respiration était devenue faible, rare, et à peine perceptible à l'audition. Le médecin d'Esher, qui était encore au palais, fut introduit; il tâta le pouls de la reine et secoua la tête... Le docteur de Mussy arriva de Londres en ce moment. Quelques minutes après, tous les membres de la famille royale étaient réunis dans la chambre de l'auguste malade.

A onze heures douze minutes, la reine poussa un faible soupir, et tous tombèrent à genoux devant la couchette de fer d'où venait de s'envoler au ciel la plus belle âme de femme qui ait traversé ce monde!

C'était le samedi 24 mars 1866.

On ne confia pas à des mains étrangères le soin de procéder à l'ensevelissement de la reine. C'est la duchesse d'Aumale et la princesse de Joinville, assistées de Mlle Muser, qui accomplirent ce pieux et triste devoir. Suivant les vœux exprimés dans le testament de la défunte, elle ne fut pas embaumée ; on la coiffa seulement de son bonnet de veuve, et on la revêtit de la robe qu'elle portait lors de son départ e Paris en 1848.

Après qu'elle eut été couchée dans son cercueil, elle fut transportée dans le cabinet de travail du roi Louis-Philippe, et l'on couvrit d'un drap noir la bière, posée sur deux chaises. Elle y resta, sous la garde alternative des princesses royales, jusqu'au matin des obsèques, fixées au mardi 3 avril.

Ce jour-là, à onze heures du matin, les princes fils de Marie-Amélie, ses brus, ainsi que ses parents et ses amis, se rendirent dans la chapelle ardente, où venait d'entrer Mgr l'évêque Grant, accompagné de son clergé.

En haut d'un gradin à trois étages, avait été placé le cercueil en velours noir, rehaussé de clous d'argent et de poignées de même métal. Des cierges l'entouraient, des cassolettes à encens brûlaient aux quatre coins. En face était l'autel ; et tout autour, sur les murs, au plafond et à terre, une tapisserie noire brodée de croix d'argent. Les chaises étaient recouvertes de housses en crêpe noir. L'évêque, entouré d'un clergé nombreux, célébra la cérémonie funèbre.

Après l'office, qui dura une demi-heure, quatorze porteurs chargèrent sur leurs épaules la pesante bière. Le cercueil se compose d'une première boîte en plomb, recouverte d'un drap blanc et renfermée elle-même dans deux autres boîtes ordinaires, et d'une autre boîte extérieure en acajou, revêtue de velours et d'ornements d'argent.

On lit sur le cercueil l'inscription suivante :

MARIE-AMÉLIE
Reine des Français,
Née à Caserte (Deux-Siciles), le 26 avril 1782,
Morte à Claremont (Angleterre)
Le 24 mars 1866.

Puis les porteurs avancèrent jusqu'au corbillard, qui stationnait devant le perron. Il était orné de plumes noires et traîné par huit chevaux empanachés. Sur les parois de la caisse avaient été accrochées les armes et les initiales de l'auguste défunte, et un cocher, au chapeau entouré d'un crêpe tombant sur les épaules, tenait les rênes sur le siége armorié.

Lors de la levée du corps, l'évêque Grant le précéda, ayant en tête sa mitre de soie blanche. Les princes, vêtus de longs manteaux de deuil, escortaient leur mère et aïeule dans l'ordre suivant :

Le duc d'Aumale menant le deuil,

Le roi des Belges et le comte de Paris,

Le duc de Nemours et le duc de Chartres,

Le prince de Joinville et le duc de Penthièvre,

Le duc de Montpensier et le duc de Guise (1).

Derrière eux, le corps diplomatique.

Ensuite les princesses, Mlle Muser et les femmes de la reine.

Tous marchèrent à pied, la tête nue, jusqu'à la grille du parc, où chacun monta dans la voiture qui lui fut désignée par le général Dumas et le capitaine Reille.

(1) Il manquait à cette cérémonie le malheureux prince de Condé, fils aîné du duc d'Aumale, alors en voyage en Amérique, et qui est mort depuis, si malheureusement, de la fièvre jaune, au mois de mai 1866.

Le cortége s'avança alors dans la campagne, sur une longueur d'un kilomètre, et une pluie mêlée de neige se mit à tomber. On ne fut pas à Weybridge avant une heure de l'après-midi. C'est là, dans une petite chapelle appartenant à une Anglaise de distinction, miss Taylor, que furent dites les dernières prières. Le prince de Galles, le duc de Cambridge, et d'autres Anglais qui avaient eu l'honneur de connaître la reine, assistèrent aussi à cette cérémonie suprême.

Puis la bière fut descendue dans le caveau, où ne pénétrèrent que les membres de la famille. On la plaça à côté de celle du roi Louis-Philippe, ainsi que l'auguste et royale défunte en avait souvent elle-même exprimé le désir.

Achevé d'imprimer

le vingt-cinq octobre mil huit cent soixante-six

PAR D. JOUAUST, IMPRIMEUR

A PARIS

TABLE

On trouvera dans ce volume des détails sur les circonstances qui ont accompagné la mort des princes et princesses dont les noms suivent :

APPENDICES

OCCVPAT PORTVM
IOV AVST

www.ingramcontent.com/pod-product-compliance
Ingram Content Group UK Ltd.
Pitfield, Milton Keynes, MK11 3LW, UK
UKHW020547180726
13838UKWH00001B/92